HUNHE DONGLI QICHE
JISHU JIEXI

混合动力汽车技术解析

崔胜民 ◎ 编著

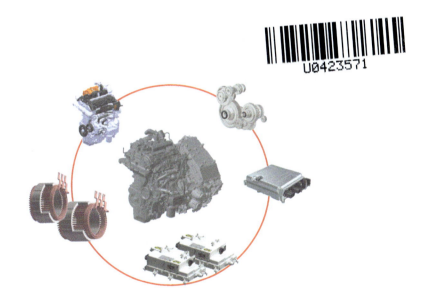

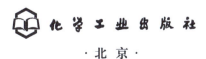

·北京·

内容简介

本书全面系统地介绍了混合动力汽车技术,包括混合动力汽车的基本知识,如混合动力汽车的定义、类型、结构、工作模式、特点、构型,以及混合动力汽车的典型部件、典型混合动力汽车技术、混合动力汽车动力系统参数匹配和混合动力汽车仿真等,反映了混合动力汽车的新技术和新成果。本书理论与仿真实践相结合,内容丰富,条理清晰,使用大量的图片及具体的实例进行讲解,通俗易懂,实用性强,同时提供了仿真模型,为读者进行混合动力汽车的研究和开发奠定基础。

本书可用作车辆工程专业的本科生、研究生教材,也可供汽车行业的工程技术人员及混合动力汽车爱好者阅读。

图书在版编目(CIP)数据

混合动力汽车技术解析/崔胜民编著. —北京:化学工业出版社,2021.7(2023.3重印)
ISBN 978-7-122-39023-3

Ⅰ. ①混… Ⅱ. ①崔… Ⅲ. ①混合动力汽车 Ⅳ. ①U469.7

中国版本图书馆CIP数据核字(2021)第078504号

责任编辑:陈景薇　　　　　　　　文字编辑:冯国庆
责任校对:王鹏飞　　　　　　　　装帧设计:韩　飞

出版发行:化学工业出版社
　　　　(北京市东城区青年湖南街13号　邮政编码100011)
印　　装:北京印刷集团有限责任公司
787mm×1092mm　1/16　印张 $14\frac{1}{2}$　字数352千字
2023年3月北京第1版第2次印刷

购书咨询:010-64518888　　　　　　售后服务:010-64518899
网　　址:http://www.cip.com.cn
凡购买本书,如有缺损质量问题,本社销售中心负责调换。

定　　价:88.00元　　　　　　　　　　　　版权所有　违者必究

前 言

《节能与新能源汽车技术路线图 2.0》已经颁布，旨在加快推进汽车转型升级。传统混合动力汽车属于节能汽车，插电式混合动力汽车属于新能源汽车，混合动力汽车将迎来快速发展期。到2035年，传统燃油汽车将全面转为混合动力汽车。

本书全面系统地介绍了混合动力汽车所涉及的主要技术，共分五章：第一章主要介绍混合动力汽车的定义和分类、串联式混合动力汽车、并联式混合动力汽车、混联式混合动力汽车、插电式混合动力电动汽车、增程式电动汽车的结构、工作模式、特点和构型，以及三种标准循环工况；第二章主要介绍混合动力汽车的典型部件，包括发动机、发电启动一体化电机、驱动电机及控制器、电驱动系统、动力耦合系统及变速器、动力电池及管理系统、电源变换器；第三章主要介绍典型混合动力汽车技术，包括丰田混合动力汽车技术、本田混合动力汽车技术、通用混合动力汽车技术、上汽混合动力汽车技术、比亚迪混合动力汽车技术和长城混合动力汽车技术；第四章主要介绍混合动力汽车动力系统参数匹配，包括混合动力汽车行驶的功率需求和能量需求，串联式、并联式和混联式混合动力汽车动力系统参数匹配；第五章主要介绍混合动力汽车仿真，包括动力总成模块简介、混合动力汽车P0构型仿真、混合动力汽车P1构型仿真、混合动力汽车P2构型仿真、混合动力汽车P3构型仿真、混合动力汽车P4构型仿真和混联式混合动力汽车仿真，这些仿真都给出了仿真模型和仿真结果，读者可以运行和修改这些仿真模型，用于混合动力汽车的在环测试、部件选择、性能评价和控制参数优化等，也可用于混合动力汽车的产品开发。

通过本书的学习，读者既能掌握混合动力汽车所涉及的新知识和新技术，又能熟悉根据混合动力汽车设计目标对动力系统参数进行匹配和仿真的方法，为从事混合动力汽车的相关工作奠定基础。

由于编者学识有限，书中不足之处在所难免，恳盼读者给予指正。

编著者

目 录

第一章　绪论　001

第一节　混合动力汽车的定义 / 002
第二节　混合动力汽车的分类 / 004
第三节　串联式混合动力汽车 / 011
第四节　并联式混合动力汽车 / 017
第五节　混联式混合动力汽车 / 029
第六节　插电式混合动力电动汽车 / 035
第七节　增程式电动汽车 / 038
第八节　标准循环工况 / 050

第二章　混合动力汽车的典型部件　053

第一节　发动机 / 054
第二节　发电启动一体化电机 / 058
第三节　驱动电机及控制器 / 060
第四节　电驱动系统 / 066
第五节　动力耦合系统及变速器 / 071
第六节　动力电池及管理系统 / 085
第七节　电源变换器 / 092

第三章　典型混合动力汽车技术　095

第一节　丰田混合动力汽车技术 / 096
第二节　本田混合动力汽车技术 / 113
第三节　通用混合动力汽车技术 / 127
第四节　上汽混合动力汽车技术 / 136
第五节　比亚迪混合动力汽车技术 / 150
第六节　长城混合动力汽车技术 / 161

第四章　混合动力汽车动力系统参数匹配　　165

第一节　混合动力汽车行驶的功率需求 / 166
第二节　混合动力汽车行驶的能量需求 / 168
第三节　串联式混合动力汽车动力系统参数匹配 / 173
第四节　并联式混合动力汽车动力系统参数匹配 / 177
第五节　混联式混合动力汽车动力系统参数匹配 / 187

第五章　混合动力汽车仿真　　197

第一节　动力总成模块简介 / 198
第二节　混合动力汽车P0构型仿真 / 205
第三节　混合动力汽车P1构型仿真 / 208
第四节　混合动力汽车P2构型仿真 / 212
第五节　混合动力汽车P3构型仿真 / 215
第六节　混合动力汽车P4构型仿真 / 218
第七节　混联式混合动力汽车仿真 / 221

参考文献　　225

第一章

绪 论

《节能与新能源汽车技术路线图2.0》提出到2035年要全面实现电驱动化,其中传统能源汽车将全面转为混合动力汽车,且混合动力汽车与新能源汽车将各占汽车总产量的50%,全面电动化已经成为我国汽车发展的主要方向,混合动力汽车将进入快速发展期。本书介绍的混合动力汽车,既包括属于节能汽车的传统混合动力汽车,也包括属于新能源汽车的插电式混合动力汽车。

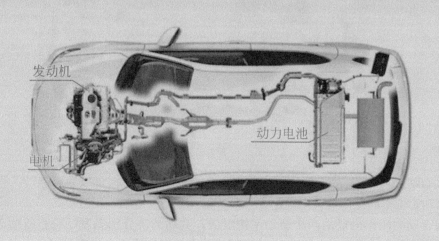

第一节 混合动力汽车的定义

混合动力汽车的原理和双人自行车类似,两个人既可以同时出力,也可以各自单独出力,如图1-1所示。

图1-1 双人自行车

混合动力汽车(Hybrid Electric Vehicle, HEV)是指能够至少从两类车载储存的能量(可消耗的燃料、可再充电能/能量储存装置)中获得动力的汽车。混合动力汽车的动力一般采用发动机和电机,能量储存装置一般采用镍氢动力电池或锂离子动力电池,如图1-2所示。动力电池又分为不可外接充电和可外接充电两类,在我国,动力电池不可外接充电的混合动力汽车属于节能汽车;动力电池可外接充电的混合动力汽车属于新能源汽车。

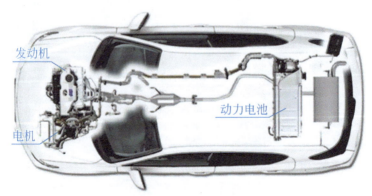

图1-2 混合动力汽车

混合动力汽车提供的双动力,既可以各自单独驱动,也可以联合驱动,这主要根据混合动力汽车的工作模式来确定。

混合动力汽车一般由两个驱动系统组成,其动力源分别为发动机和驱动电机,发动机提供的动力是单向的,驱动电机提供的动力是双向的;它们既可以各自单独驱动,也可以联合驱动,这主要根据混合动力汽车的工作模式来确定。

混合动力系统示意如图1-3所示，主要由发动机、驱动电机、动力耦合器和动力电池组成。

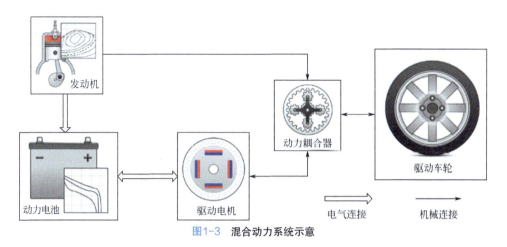

图1-3　混合动力系统示意

在有发动机和驱动电机两种动力的情况下，混合动力汽车的混合动力系统能够产生以下工作模式。

① 发动机单独向驱动车轮提供动力。该模式是发动机单独驱动模式，可应用于动力电池近乎完全放电，而发动机没有剩余功率给动力电池充电的情况；或可应用于动力电池已经完全放电，而发动机能提供足够的动力去满足车辆动力需求的情况。

② 驱动电机单独向驱动车轮提供动力。该模式是纯电驱动模式，此时发动机关闭，可应用于发动机不能有效运行的情况，例如，极低速状态或在严禁排放的区域内行驶。

③ 发动机和驱动电机同时向驱动车轮提供动力。该模式是混合驱动模式，可用于需要较大动力供给的场合，例如，急剧加速或爬陡坡。

④ 发动机向驱动车轮提供动力，同时向动力电池补充能量。该模式是发动机驱动车辆和向动力电池充电同时存在的模式。

⑤ 发动机向驱动车轮提供动力，同时驱动车轮向动力电池补充能量。该模式是发动机驱动车辆，同时借助于车辆的质量，给动力电池充电。

⑥ 发动机向动力电池提供能量，同时驱动电机向驱动车轮提供动力。该模式是发动机向动力电池充电，同时驱动电机向驱动车轮提供动力。

⑦ 动力电池从驱动车轮获取能量（再生制动）。该模式是再生制动模式，由此借助于电机运行在发电机状态，车辆的动能或势能得以回收。回收的能量储存于动力电池中，并在以后重复利用。

⑧ 动力电池从发动机获取能量。该模式是发动机向动力电池充电的模式，此时车辆处于停止、惯性滑行或小坡度下坡运行状态，没有动力应用于驱动车轮或来自驱动车轮。

⑨ 动力电池同时从发动机和驱动车轮获取能量。该模式是同时存在再生制动和发动机向动力电池充电的模式。

对于一辆具体的混合动力汽车，究竟采用哪些工作模式，取决于许多因素，例如，驱动系统的实际结构、动力系统的效率特性、驱动车轮的负载特性等。不同厂家的混合动力汽车，其工作模式是有差别的。

第二节 混合动力汽车的分类

混合动力汽车可以按动力系统结构形式、油电混合度、外接充电能力等进行分类。

一、按动力系统结构形式划分

按动力系统结构形式划分,分为串联式混合动力汽车、并联式混合动力汽车及混联式混合动力汽车。

1. 串联式混合动力汽车

串联式混合动力汽车(Series Hybrid Electric Vehicle,SHEV)是指车辆行驶系统的驱动力只来源于驱动电机,如图1-4所示。典型的结构特点是发动机带动发电机发电,动力耦合器(包括功率变换器)控制从蓄电池组和发电机到驱动电机的功率流,或反向控制从驱动电机到蓄电池组的功率流。发动机通过发电机产生的电能经控制器输送给驱动电机或动力电池,由驱动电机驱动车辆,发动机不直接参与驱动车辆。

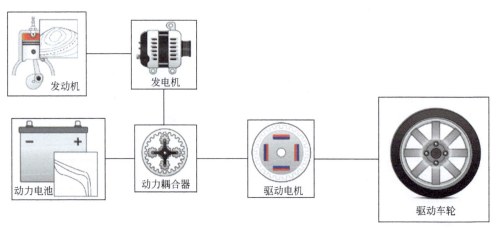

图1-4 串联式混合动力汽车

串联式混合动力汽车车型主要有雪佛兰沃蓝达、宝马i3、广汽传祺GA5等。

2. 并联式混合动力汽车

并联式混合动力汽车(Parallel Hybrid Electric Vehicle,PHEV)是指车辆行驶系统的驱动力由驱动电机及发动机同时或单独提供,如图1-5所示。典型的结构特点是并联式驱动系统可以单独使用发动机或驱动电机作为动力源,也可以同时使用发动机和驱动电机作为动力源驱动车辆行驶。电机驱动时,动力电池经过DC/DC变换器,给驱动电机提供合适的电压。

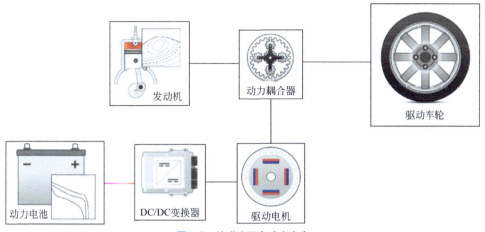

图1-5 并联式混合动力汽车

并联式混合动力汽车车型主要有奔驰S400L、比亚迪秦、本田CR-Z等。并联式混合动力汽车相比于串联式混合动力汽车,应用较多,配置也各不相同。

3. 混联式混合动力汽车

混联式混合动力汽车具备串联式和并联式两种混合动力系统结构,如图1-6所示。典型的结构特点是既可以在串联模式下工作,也可以在并联模式下工作,兼顾了串联式和并联式混合动力汽车的特点。值得注意的是,三种形式的动力耦合器结构是不一样的。

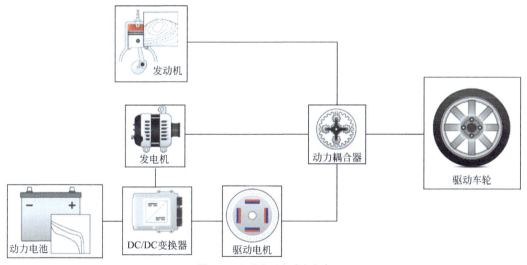

图1-6 混联式混合动力汽车

混联式混合动力汽车以丰田系列为主,如普锐斯混合动力汽车、卡罗拉混合动力汽车、雷克萨斯混合动力汽车等。

二、按油电混合度划分

混合度是指混合动力汽车中的电机峰值功率占动力源总功率(电机峰值功率+发动机峰值功率)的比例(%)。

目前，按照混合度划分没有统一的标准。按照混合度数值的大小，可以将混合动力汽车分为微混合型混合动力汽车、轻度混合型混合动力汽车和重度混合型混合动力汽车。

1. 微混合型混合动力汽车

微混合型混合动力汽车是以发动机为主要动力源，电机作为辅助动力，具备制动能量回收功能的混合动力汽车。微混合型混合动力汽车的混合度小于10%。仅具有停车怠速停机功能的汽车也可称为微混合型混合动力汽车。

微混合型混合动力汽车功能示意如图1-7所示，它是在传统汽车基础上增加怠速停机功能。

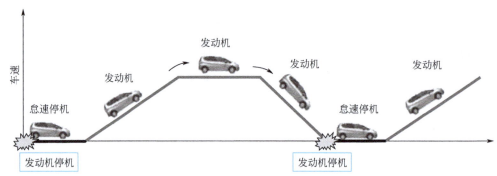

图1-7 微混合型混合动力汽车功能示意

微混合型混合动力系统是对传统发动机的起动机进行了改造，形成由带传动的启动发电一体式电机（Belt-Driven Starter Generator，BSG）。该电机用来控制发动机快速启停，因此可以取消发动机的怠速过程，降低了油耗和排放。

微混合型混合动力系统搭载的电机功率比较小，仅靠电机无法使车辆起步，起步过程仍需要发动机介入，是一种初级的混合动力系统。在微混合型混合动力系统里，电机的电压通常有两种：12V和42V，其中42V主要用于柴油混合动力系统。在城市循环工况下节油率一般为5%～10%。

2. 轻度混合型混合动力汽车

轻度混合型混合动力汽车是以发动机为主要动力源，电机作为辅助动力，在车辆加速和爬坡时，电机可向车辆行驶系统提供辅助驱动力矩的混合动力汽车。轻度混合型混合动力汽车的混合度大于10%，可以达到30%左右。

轻度混合型混合动力汽车功能示意如图1-8所示，它是在传统汽车基础上增加怠速启停、加速助力、制动能量回收和行驶（巡航）充电功能。

轻度混合型混合动力系统采用了集成式启动发电一体式电机（Integrated Starter and Generator，ISG）。与微混合型混合动力系统相比，轻度混合型混合动力系统除了能够实现用电机控制发动机的启停外，还能够在混合动力汽车制动和下坡工况下，实现对部分能量进行回收；在行驶过程中，发动机的动力可以在车轮的驱动需求和发电机发电需求之间进行调节。

当混合度达到20%～30%时，一般采用高压电机，在汽车加速或者大负荷工况时，电机能够辅助发动机驱动车辆，补充发动机本身动力输出的不足，提高整车性能。有的

图1-8 轻度混合型混合动力汽车功能示意

资料把混合度达到20%～30%的混合动力汽车称为中度混合型混合动力汽车,是最常见的一类混合动力系统。

本田汽车公司旗下的Insight、Accord（雅阁）和Civic（思域）混合动力汽车都是采用并联式结构的轻度混合动力系统。

3. 重度混合型混合动力汽车

重度混合型混合动力汽车是以发动机和/或电机为动力源,且电机可以独立驱动车辆正常行驶的混合动力汽车。重度混合动力系统可以采用高达600V以上的高压电机,混合度大于30%,可以达到50%以上。在城市循环工况下节油率可以达到30%～50%。

重度混合型混合动力汽车功能示意如图1-9所示。它是在传统汽车基础上增加怠速启停、加速助力、制动能量回收、行驶（巡航）充电和低速纯电动行驶功能。

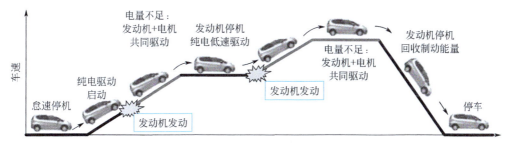

图1-9 重度混合型混合动力汽车功能示意

重度混合型混合动力汽车的特点是动力系统以发动机为基础动力,动力电池为辅助动力。采用的电机功率更为强大,完全可以满足车辆在起步和低速时的动力要求。因此,重度混合车型无论是在起步还是低速行驶状态下都不需要启动发动机,依靠电机可以完全胜任,在低速时就像一款纯电动汽车。在急加速和爬坡运行工况下车辆需要较大的驱动力时,电机和发动机同时对车辆提供动力。随着电机、电池技术的进步,电机参与驱动的工况逐渐增加,重度混合动力系统逐渐成为混合动力技术的主要发展方向。

丰田普锐斯混合动力汽车就是混联式结构的重度混合型混合动力系统。第三代丰田普锐斯混合动力系统采用的电机峰值功率达到60kW,峰值转矩达到207N·m,足以驱动汽车低速行驶,仅靠电机驱动行驶,最高车速可以达到70km/h。第四代丰田普锐斯混合动力系统虽然电机的峰值功率和峰值转矩有所下降,分别为53kW和163N·m,但是动力系统的损耗减少20%,而且车重有所减轻,因此第四代丰田普锐斯混合动力汽车的动力性能比第三代提高,仅靠电机驱动行驶,最高车速可以达到110km/h。

三、按外接充电能力划分

按照动力蓄电池是否能够外接充电,混合动力汽车可分为外接充电型混合动力汽车和非外接充电型混合动力汽车。

1. 外接充电型混合动力汽车

外接充电型混合动力汽车是一种被设计成在正常使用情况下从非车载装置中获取电能量的混合动力汽车。插电式混合动力汽车(Plug-in Hybrid Electric Vehicle,PHEV)属于此类型。

插电式混合动力汽车是可以利用电网对动力电池充电的混合动力汽车,同时也可以在加油站给汽车加油,如图1-10所示。它可以使用纯电模式驱动车辆行驶,且纯电动行驶里程较长;电能不足时,车辆仍然可以用重度混合模式行驶。插电式混合动力系统的电机功率比纯电动汽车的稍小,动力电池的容量介于重度混合动力系统和纯电动汽车之间。

图1-10　插电式混合动力汽车

广汽传祺GS4是一款插电式混合动力汽车,如图1-11所示。它搭载了传祺第三代235T发动机,发动机排量为1.5L,峰值功率为110kW,峰值转矩为235N·m;永磁同步电机峰值功率为130kW,峰值转矩为300N·m;搭载的动力电池为锂离子电池,电池组能量为12kW·h;变速器采用G-MC机电耦合系统;具有车道偏离预警系统、车道保持

图1-11　广汽传祺GS4插电式混合动力汽车

辅助系统、自适应巡航控制系统等先进驾驶辅助系统。混合工况油耗为4.6L/100km，综合工况油耗为1.3L/100km，综合工况纯电续驶里程为61km。

2. 非外接充电型混合动力汽车

非外接充电型混合动力汽车是一种被设计成在正常使用情况下从车载燃料中获取全部能量的混合动力汽车。

非插电的混合动力汽车的动力来源主要是发动机，电机只是一个辅助动力源，纯电驱动的续驶里程短。

东风本田艾力绅是一款非外接充电型混合动力汽车，如图1-12所示，它搭载第三代i-MMD混合动力系统，集纯电模式、混合动力模式、发动机直连模式三种智能行驶模式于一身；2.0L阿特金森循环发动机峰值功率为107kW，峰值转矩为175N·m；辅以峰值功率为135kW、峰值转矩为315N·m的驱动电机和E-CVT变速器，系统综合峰值功率可达158kW。0~100km/h的加速时间为10.2s，综合工况油耗为5.9L/100km。

图1-12 东风本田艾力绅非外接充电型混合动力汽车

油电混合动力汽车的电池容量很小，仅在启/停、加/减速的时候供应/回收能量，不能外部充电，纯电模式续驶里程短，属于节能汽车；插电式混合动力汽车的电池容量较大，可以外部充电，用纯电模式行驶，电池电量耗尽后再以混合动力模式行驶，属于新能源汽车。

四、增程式电动汽车

目前，对增程式电动车的定义有些模糊，在世界范围内尚没有一个严格的定义。《电动汽车术语》（GB/T 19596—2017）中对增程式电动汽车进行了定义，增程式电动汽车（Range Extended Electric Vehicle，REEV）是指一种在纯电动模式下可以达到其所有的动力性能，而当车载可充电储能系统无法满足续驶里程要求时，打开车载辅助供电装置为动力系统提供电能，以延长续驶里程的电动汽车，且该车载辅助供电装置与驱动系统没有传动轴（带）等传动连接。

这一定义的核心约束在于串联，即车载辅助供电装置（往往就是发动机）不能直接驱动车辆；纯电模式要达到所有动力性能。根据这一定义，通用公司虽然自称沃蓝达为增程式，并且是全球销量最大的增程式电动汽车之一，但发动机可以直驱，并非中国定义的增程式电动汽车，而属于串联式混合动力汽车。

增程式电动汽车介于混合动力汽车和纯电动汽车之间,兼有纯电动汽车和混合动力汽车的特点。增程式电动汽车是一种特殊的混合动力汽车。

受新能源汽车政策影响,增程式电动汽车在国内规模很小,但最近已经有很多企业开始布局增程式电动汽车,而且技术路线也在发生变化。

理想ONE增程式电动汽车如图1-13所示。当动力电池电量充足时,由动力电池的电能驱动车辆行驶;当动力电池电量下降到一定程度(比如50%,根据不同车型的需求可以设定不同SOC数值)时,发动机启动带动发电机,产生的电能带动驱动电机驱动车辆,也可以为动力电池补电。理想ONE增程式电动汽车采用1.2T三缸涡轮增压发动机与发电机匹配作为增程器;搭载40.5kW·h三元锂离子电池,可提供180km的续驶里程;在长途行驶中,高功率增程发电系统可将燃油转换成电能,实现超过520km的增程续驶里程;在NEDC标准下的综合续驶里程超过了700km。

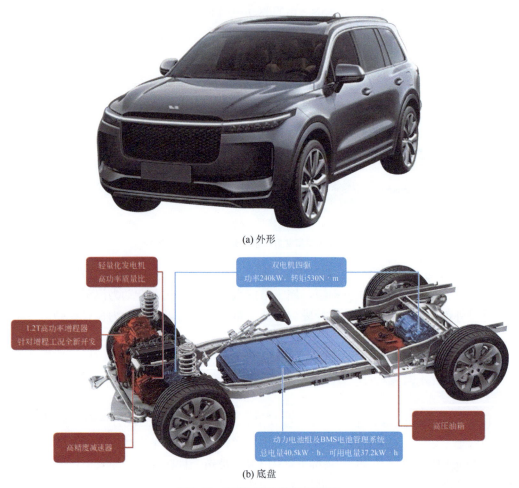

图1-13 理想ONE增程式电动汽车

综上所述,主要有串联式混合动力汽车、并联式混合动力汽车、混联式混合动力汽车、插电式混合动力汽车和增程式电动汽车。其中串联式混合动力汽车、并联式混合动力汽车及混联式混合动力汽车,既可以是非插电式混合动力汽车,也可以是插电式混合动力汽车,前者属于节能汽车,后者属于新能源汽车。

各种混合动力汽车与燃油汽车和纯电动汽车的关系如图1-14所示。

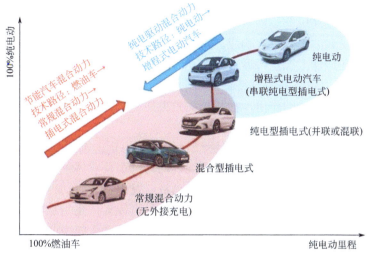

图1-14 各种混合动力汽车与燃油汽车和纯电动汽车的关系

第三节 串联式混合动力汽车

串联式混合动力汽车一般采用发动机-发电机组和动力电池系统等两种形式的车载电源系统，输出的电能通过电机控制器输送给驱动电机，由驱动电机将电能转化为机械能驱动汽车行驶。

一、串联式混合动力汽车的结构

串联式混合动力汽车的结构如图1-15所示，它主要由发动机-发电机组、功率变换器、电机控制器、驱动电机及动力电池系统等部件组成。

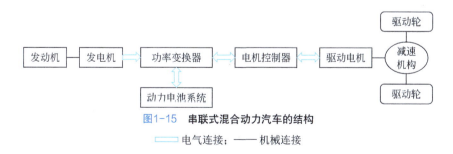

图1-15 串联式混合动力汽车的结构
⇨ 电气连接；── 机械连接

在串联式混合动力汽车上，由发动机-发电机组所产生的电能和动力电池输出的电能，共同输出到驱动电机来驱动汽车行驶，电力驱动是唯一的驱动模式。发动机与发电机直接连接产生电能，来驱动电机或者给动力电池充电。驱动电机直接与驱动桥相连，汽车行驶时的驱动力由驱动电机输出。当动力电池的荷电状态（SOC）值降到一个预定值时，发动机即开始对动力电池进行充电，来延长混合动力汽车的续驶里程。另外，动力电池系统还可以单独向驱动电机提供电能来驱动混合动力汽车，使混合动力汽车在零污染状态下行驶。发动机与驱动系统并没有机械地连接在一起，这种方式可以很大程度地减少发动机所受到的车辆瞬态响应。瞬态响应的减少可以使发动机进行最优的喷油和点火控制，使其在最佳工况点附近工作。

串联式混合动力系统的关键特征是在功率变换器中两个电功率被加在一起。该功率变换器起电功率耦合器的作用，控制从动力电池和发电机到驱动电机的功率流，或反向控制从驱动电机到动力电池的功率流。

串联式混合动力汽车的发动机能够经常保持在稳定、高效、低污染的运转状态，使有害排放气体控制在最低范围。串联式混合动力汽车从总体结构上看，比较简单，易于控制，其特点更加趋近于纯电动汽车。发动机、发电机、驱动电机三大部件总成在汽车上布置有较大的自由度，但各自的功率较大，外形较大，重量也较大，在中小型汽车上布置有一定的困难。另外在发动机→发电机→电机驱动系统中的热能→电能→机械能的能量转换过程中，能量损失较大。串联式混合动力汽车适用于大型汽车上，但小型汽车上也有应用。

二、串联式混合动力汽车的工作模式

串联式混合动力汽车的工作主要有纯电驱动模式、纯发动机驱动模式、混合驱动模式、行车充电模式、混合充电模式、再生制动模式和停车充电模式。

1. 纯电驱动模式

纯电驱动模式是指发动机-发电机组关闭，由动力电池系统经功率变换器向驱动电机提供电能，驱动车辆行驶，如图1-16所示。

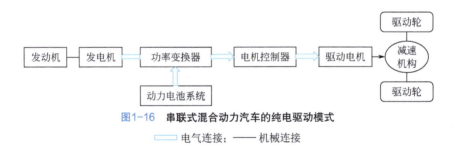

图1-16　串联式混合动力汽车的纯电驱动模式
　　电气连接；　　机械连接

2. 纯发动机驱动模式

纯发动机驱动模式是由发动机-发电机组经功率变换器向驱动电机提供电能，驱动车辆行驶；动力电池系统既不供电也不从传动系统中获取能量，如图1-17所示。

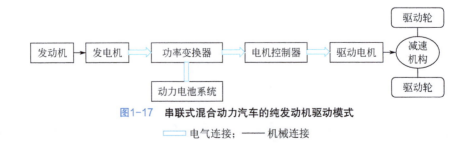

图1-17　串联式混合动力汽车的纯发动机驱动模式
　　电气连接；　　机械连接

3. 混合驱动模式

混合驱动模式是指发动机-发电机组和动力电池系统共同向驱动电机提供电能，驱动车辆行驶，如图1-18所示。

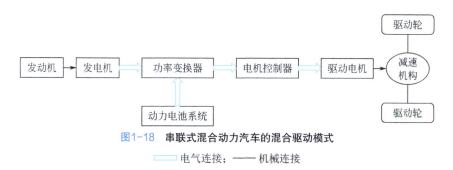

图1-18 串联式混合动力汽车的混合驱动模式

4. 行车充电模式

行车充电模式是指发动机-发电机组除向驱动电机提供电能驱动车辆行驶以外，同时向动力电池系统充电，如图1-19所示。

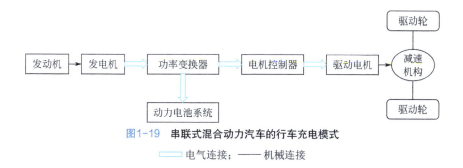

图1-19 串联式混合动力汽车的行车充电模式

5. 混合充电模式

混合充电模式是指发动机-发电机组和运行在发电机状态下的驱动电机（发电机）共同向动力电池系统充电，如图1-20所示。

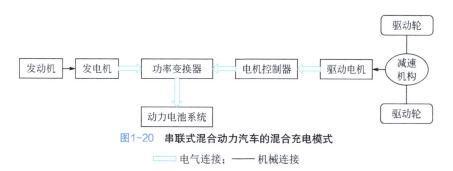

图1-20 串联式混合动力汽车的混合充电模式

6. 再生制动模式

再生制动模式是指发动机-发电机组关闭，驱动电机运行在发电机状态（发电机），通过消耗车辆本身的动能产生电功率向动力电池系统充电，如图1-21所示。

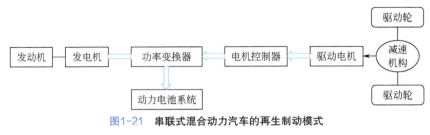

图1-21　串联式混合动力汽车的再生制动模式

━━▶ 电气连接；━━ 机械连接

7. 停车充电模式

停车充电模式是指车辆停止行驶，驱动电机不接收功率，发动机-发电机组仅向动力电池系统充电，如图1-22所示。

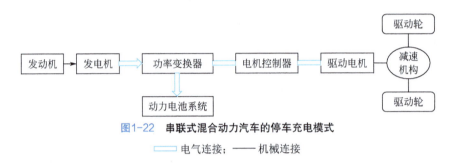

图1-22　串联式混合动力汽车的停车充电模式

━━▶ 电气连接；━━ 机械连接

三、串联式混合动力汽车的特点

1. 串联式混合动力汽车的优点

① 发动机独立于行驶工况，使发动机始终处于高效率区域运转，避免在低速、怠速区域所造成的能源浪费及排放差的情况，因此，提高了发动机的经济性和排放性。

② 串联式结构使混合动力系统只有单一的驱动路线，动力系统的控制策略较简单。

③ 动力电池系统具有储能作用，能够根据驱动功率的需求对驱动电机进行功率的补充，发动机用于储能，因此可以选择功率较小的发动机。

④ 发电机和驱动电机之间采用电气连接，发动机只与发电机采用机械连接，使传动系统及底盘的布置具有较大的空间和灵活性，有利于整车传动系统的布置。

⑤ 由于发动机与车轮在机械上的解耦，发动机运转速度与整车运行速度没有关联，因此发动机选型范围较大。

⑥ 当发动机关闭时，可实现纯电动模式行驶，发动机可以延长汽车的续驶里程。

2. 串联式混合动力汽车的缺点

① 串联系统只能由驱动电机驱动车轮，在化学能→机械能→电能→机械能的能量转换过程中，能量损失较大，能量利用率降低。

② 动力电池系统除了要满足发电机的输出功率外，还要使充放电水平处于合理的区间，避免充电过度和放电过度，这就需要容量较大的动力蓄电池，成本增加，整车重量也增加。

③ 由于只有驱动电机直接驱动，因此需要较大功率的电机，增加了整车的重量，同时也增加了成本。

四、串联式混合动力汽车的构型

串联式混合动力汽车的构型主要有发动机-发电机组与动力蓄电池组直接并联构型、发动机-发电机组+DC/DC变换器与动力蓄电池组并联构型、发动机-发电机组与动力蓄电池组+DC/DC变换器并联构型、发动机-发电机组+DC/DC变换器与动力蓄电池组+DC/DC变换器并联构型。

1. 发动机-发电机组与动力蓄电池组直接并联构型

发动机-发电机组与动力蓄电池组直接并联构型如图1-23所示。图1-23中发电机既可以是永磁发电机，也可以是励磁发电机。由于采用三相不控整流桥，为实现串联混合动力汽车的各种工作模式，必须依据动力蓄电池组的端电压进行发动机的转速控制，同时实现动力蓄电池的充电/放电管理。该构型由于没有DC/DC变换器，发动机-发电机组工作范围主要指其在转速-功率平面上的工作范围。该工作范围会受发动机和发电机的最低、最高转速限制，以及直流总线最高、最低电压和发电机最大允许输出电流的限制。此外，仅有转速一个控制变量，发动机的工作点难免受到整车实际功率需求变化的影响。把永磁发电机改为励磁（可调）发电机，可以实现发动机-发电机组直流输出的双参数调整，即发动机转速和励磁发电机的励磁电流两个参数调整。若系统参数匹配合理，则可实现相同输出功率条件下，发动机以最佳效率工作点工作。

图1-23 发动机-发电机组与动力蓄电池组直接并联构型

2. 发动机-发电机组+DC/DC变换器与动力蓄电池组并联构型

发动机-发电机组+DC/DC变换器与动力蓄电池组并联构型如图1-24所示。在发动机-发电机组直流输出端增加一个DC/DC变换器。DC/DC变换器可实现输出直流电压的升压或降压变换，使发动机-发电机组直流输出与动力蓄电池组输出解耦，实现发动机-发电机组输出的双参数调整，即发动机的转速和DC/DC变换器的输出电流或功率，可实现相同输出功率条件下，发动机以最佳效率工作点工作。发动机-发电机组输出的电压经三相不控整流桥整流后的电压，可通过控制DC/DC变换器开关器件的PWM占空比来调节，这样的组合起到了可控升压整流桥的作用。增加DC/DC变换器后，动力蓄电池组不再与整流桥的输出端并联，而是与DC/DC变换器的输出端并联。因此，整流桥的输出电压不再受动力蓄电池工作电压的限制，发动机可工作在低油耗区，整流桥的输出电压由DC/DC变换器升压后与动力蓄电池组的端电压匹配。因为同一转速下整流桥的输出电压越低，输出功率越大，所以增加DC/DC变换器的发动机在低转速下也能输出较大功率。增加DC/DC变换器后的发动机-发电机组转速范围只受发动机和发电机的最低和最高转速限制。

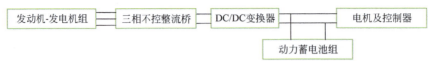

图1-24　发动机-发电机组+DC/DC变换器与动力蓄电池组并联构型

3. 发动机-发电机组与动力蓄电池组+DC/DC变换器并联构型

发动机-发电机组与动力蓄电池组+DC/DC变换器并联构型如图1-25所示。动力电池组的输出端增加了一个双向DC/DC变换器，通过对DC/DC变换器的升压/降压控制，实现动力蓄电池组的充电/放电主动管理以及发动机-发电机组输出电压的主动匹配，也实现了发动机-发电机组输出的双参数调整，即发动机的转速和双向DC/DC变换器的输出电流或功率，还可以实现相同输出功率条件下发动机以最佳效率工作点工作。动力蓄电池组输出的电压可通过控制Boost-Buck电路开关器件的PWM占空比来调节，这样的组合能实现动力蓄电池组的充放电主动控制，且对动力蓄电池组的要求较小，可选择输出电压较低的动力蓄电池组，同时能对发动机-发电机组输出的电压进行主动匹配，使发动机能在最佳效率工作点工作。

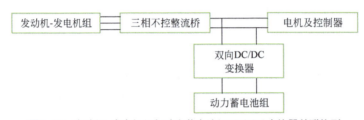

图1-25　发动机-发电机组与动力蓄电池组+DC/DC变换器并联构型

4. 发动机-发电机组+DC/DC变换器与动力蓄电池组+DC/DC变换器并联构型

发动机-发电机组+DC/DC变换器与动力蓄电池组+DC/DC变换器并联构型如图1-26所示。发动机-发电机组直流输出增加了一个DC/DC变换器，动力蓄电池组的输出端增加了一个双向DC/DC变换器。通过发动机-发电机组输出端的DC/DC变换器可实现输出直流电压的升压或降压变换，实现了发动机-发电机组直流输出与动力蓄电池组输出的解耦。通过对动力蓄电池组输出端的双向DC/DC变换器的升压/降压控制，实现动力蓄电池组的充电/放电主动管理，以及发动机-发电机输出电压的主动匹配，保证在相同输出功率条件下，发动机以最佳效率工作点工作。该构型在发动机-发电机直流输出端和动力蓄电池组输出端均增加了DC/DC变换器，能够实现理想的控制效果，但增加了两个DC/DC变换器，成本增加，降低了能量转换效率，还增加了控制的复杂度。

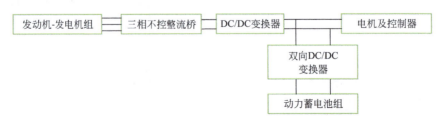

图1-26　发动机-发电机组+DC/DC变换器与动力蓄电池组+DC/DC变换器并联构型

第四节 并联式混合动力汽车

并联式混合动力汽车有发动机和电机两套驱动系统，它们可以分开工作，也可以一起协调工作，共同驱动。因此，并联式混合动力汽车可以在比较复杂的工况下使用，应用范围较广。并联式混合动力汽车由于电机的数量和种类、传动系统的类型、部件的数量和位置关系的差别，具有明显的多样性。

一、并联式混合动力汽车的结构

并联式混合动力汽车的结构如图1-27所示，它主要由发动机、驱动电机、电机控制器、动力电池系统及动力耦合器等部件组成，有多种组合形式，可以根据使用要求进行设计。

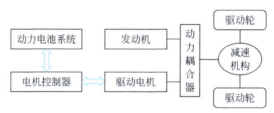

图1-27　并联式混合动力汽车的结构
━━━ 电气连接；——— 机械连接

并联式混合动力系统采用发动机和驱动电机两套独立的驱动系统驱动车轮。发动机和驱动电机通过动力耦合器、减速机构来驱动车轮，可以采用发动机单独驱动、驱动电机单独驱动或者发动机和驱动电机混合驱动三种工作模式。当发动机提供的功率大于车辆所需驱动功率时或者当车辆制动时，电机工作于发电机状态，给动力电池充电。发动机和电机的功率可以互相叠加，发动机功率和电机/发电机功率为电动汽车所需最大驱动功率的0.5～1倍，因此，可以采用小功率的发动机与电机/发电机，使得整个动力系统的装配尺寸和重量都较小，造价也更低，续驶里程也可以比串联式混合动力汽车长，其特点更加趋近于内燃机汽车。并联式混合动力驱动系统通常被应用在小型混合动力汽车上。

发动机和驱动电机通过动力耦合器、减速机构同时与驱动桥直接相连接。驱动电机可以用来平衡发动机所受的载荷，使其能在高效率区域工作，因为通常发动机工作在满负荷（中等转速）下燃料经济性最好。当车辆在较小的路面载荷下工作时，内燃机车辆的发动机燃料经济性比较差，并联式混合动力汽车的发动机此时可以被关闭而只用驱动电机来驱动汽车，或者增加发动机的负荷使电机作为发电机，给动力电池充电以备后用（即一边驱动汽车，一边充电）。由于并联式混合动力汽车在稳定的高速下发动机具有比较高的效率和相对较轻的重量,所以它在高速公路上行驶具有比较好的燃料经济性。

并联式混合驱动系统有两条能量传输路线,可以同时使用电机和发动机作为动力源来驱动汽车,这种设计方式可以使其以纯电动汽车或低排放汽车的状态运行,但是此时不能提供全部的动力能源。

二、并联式混合动力汽车的工作模式

并联式混合动力汽车的工作模式主要有纯电驱动模式、纯发动机驱动模式、混合驱动模式、行车充电模式、再生制动模式和停车充电模式。

1. 纯电驱动模式

当混合动力汽车处于起步、低速等轻载工况且蓄电池的电量充足时,若以发动机作为动力源,则发动机燃料经济性较低,并且排放性能较差。此时关闭发动机,由动力电池系统提供能量并以电机驱动车辆行驶。但当蓄电池电量较低时,为保护蓄电池,应该切换到行车充电模式,如图1-28所示。

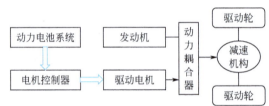

图1-28 并联式混合动力汽车的纯电驱动模式

▭ 电气连接; ── 机械连接

2. 纯发动机驱动模式

当混合动力汽车以高速平稳运行时,或者行驶在城市郊区等排放要求不高的地方,可由发动机单独工作驱动车辆行驶。在这种工作模式下,发动机工作于高效区,燃料经济性较高,传动效率较高,如图1-29所示。

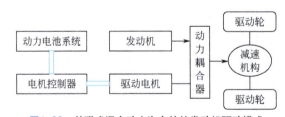

图1-29 并联式混合动力汽车的纯发动机驱动模式

▭ 电气连接; ── 机械连接

3. 混合驱动模式

当混合动力汽车处于急加速或者爬坡时,发动机和驱动电机均处于工作状态,驱动电机作为辅助动力源协助发动机,提供车辆急加速或者爬坡时所需的功率。这种情况下,汽车的动力性处于最佳状态,如图1-30所示。

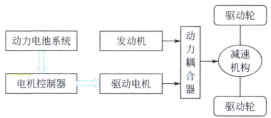

图1-30　并联式混合动力汽车的混合驱动模式

▭ 电气连接；── 机械连接

4. 行车充电模式

当混合动力汽车处于正常行驶时，若动力电池荷电状态未达到最高限值时，发动机除了要提供驱动车辆所需的动力外，发动机多余能量用于带动发电机给动力电池充电，如图1-31所示。

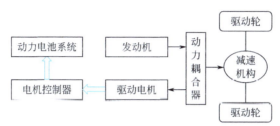

图1-31　并联式混合动力汽车的行车充电模式

▭ 电气连接；── 机械连接

5. 再生制动模式

当混合动力汽车减速或者制动时，发动机不工作，利用电机反拖作用不仅可以有效地辅助制动，还可以使驱动电机以发电机模式工作发电，然后给动力电池充电，将回收的制动能量存储在动力电池中，在必要时释放出能量驱动车辆行驶，使能量利用率提高，提高整车燃料经济性，降低排放，如图1-32所示。

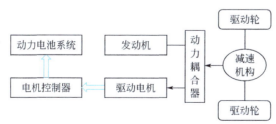

图1-32　并联式混合动力汽车的再生制动模式

▭ 电气连接；── 机械连接

6. 停车充电模式

在停车充电模式中，通常关闭发动机和驱动电机；但当动力电池剩余电量不足时，可以启动发动机和电机，控制发动机工作于高效区并拖动电机为动力电池充电，如图1-33所示。

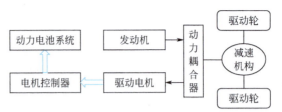

图1-33 并联式混合动力汽车的停车充电模式

▭ 电气连接； ── 机械连接

三、并联式混合动力汽车的特点

1. 并联式混合动力汽车的优点

① 良好的燃料经济性。并联式结构布置两套动力传递路线，可根据实际工况选择不同的动力输出路线和动力组合，具有更强的选择性和适应性，避免所有能量在多次转换中的浪费和损失，提高燃料经济性。

② 良好的动力性。在高负荷运行时，发动机和驱动电机动力耦合，同时对汽车进行驱动，具有良好的动力性。

③ 较高的系统稳定性。并联式结构布置两套独立动力传递路线，当一条传递路线出现故障时，可以启用另外一条传递路线，保证汽车的正常运行。

④ 发动机与驱动电机是两套相互独立的动力系统，都可以单独作为动力源驱动汽车，因此系统整体可靠性较高。

⑤ 电机功率较小。由于发动机可以单独驱动汽车，或与电机共同驱动汽车，因此可以选择功率较小的电机。

⑥ 电池容量较小。驱动电机作为辅助动力，所需动力电池容量较小。

2. 并联式混合动力汽车的缺点

① 控制策略较复杂。并联式混合动力汽车具有两条驱动路线，可以单独或耦合参与驱动，使该结构具有多种驱动模式，多种驱动模式之间的切换及两种动力的耦合的控制比较复杂。

② 整车布置复杂。由于存在两套动力系统，并且发动机和驱动轴之间存在机械连接，以及考虑两种动力的耦合，因此底盘的布置比较复杂。

③ 排放性能相对较差。由于不同驱动模式之间的切换，发动机频繁出现点火启动、熄火，使发动机不能稳定在高效率区域工作，因此排放性能较差。

④ 纯电动续驶里程较短。

四、并联式混合动力汽车的构型

并联式混合动力汽车有发动机和电机两个动力源。它们既可以分开工作，也可以一起协调工作，共同驱动车辆。由于电机的数量、种类、传动系统的类型、部件的数量和位置关系存在差别，并联式混合动力汽车构型具有明显的多样性。根据电机位置的不同，并联式混合动力汽车的构型可分为P0、P1、P2、P3、P4等。P0~P4构型示意如图1-34所示。

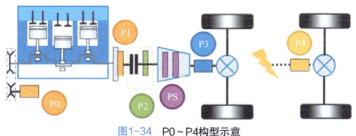

图1-34 P0～P4构型示意

P0～P4所表示的电机布置方式如下。

P0：电机安装在发动机前端，以传动带与发动机相连，又称带传动启动发电机（BSG）。当发动机运转时，由曲轴带动发电。受传力的传动带所限，P0构型多属于具有启停功能的弱混。

P1：电机位于发动机后和离合器前，与发动机刚性连接，也称启动/发电一体机（ISG）。具有发动机启停、制动能量回收/发电功能，同时，电机与曲轴刚性连接，可辅助输出动力。

P2：电机位于发动机与变速器之间，位于离合器后。电机与发动机之间有离合器，因此可单独驱动车轮。动能回收时也可切断与发动机的连接。同时还能与现有的变速器很好地集成，因此，P2是混合动力汽车采用较多的构型。

P3：电机位于变速器输出端，与发动机同源输出。

P4：电机位于后桥上，即电机与发动机不驱动同一轴，车辆可实现四轮驱动。

1. P0构型

P0构型指电机位于发动机前端附件驱动系统上。电机与发动机曲轴通过传动带柔性连接。在发动机运转时，会有少量能量传递至电机发电。由于传动带柔性连接效率有限，电机为发动机提供助力和回收动能的能力也有限，利用皮带传动兼顾启动和发电的一体机（Belt-Driven Starter Generator，BSG）适用于自动启停，单独使用时以12～25V微混和48V轻混为主，实际常与其他构型配合使用。

P0构型示意如图1-35所示。

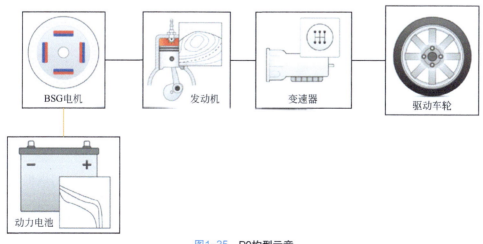

图1-35 P0构型示意

—— 电能传递；—— 机械能传递

如图1-36所示为吉利的P0构型。48V启发电一体机主要实现功能在于快速启停、制动能量回收和辅助转矩三个作用，理论上它可以实现在部分巡航时速下停止发动机工作，并保证快速需要动力的时候又能快速启动发动机的作用。

图1-36　吉利的P0构型

2. P1构型

P1构型中，电机位于发动机曲轴上，即传统汽车起动机的位置。P1构型示意如图1-37所示。ISG电机是对传统发动机的发电机和起动机进行了一体化设计，但是相比BSG电机，ISG电机与发动机之间取消了皮带传动，直接与发动机曲轴输出端连接在一起。当发动机需要重新启动时，ISG电机充当起动机，直接驱动发动机的曲轴输出端对其进行启动。

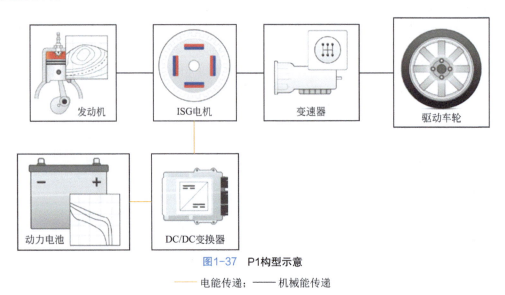

图1-37　P1构型示意

——电能传递；——机械能传递

ISG电机固连在发动机曲轴上，取代了传统的飞轮。发动机曲轴与ISG电机转速相等，因此P1构型同样支持发动机启停、制动能量回收发电。发动机和电机的动力在发动机输出轴上耦合，然后通过由离合器、变速器、驱动桥和半轴组成的传统驱动系统驱动车辆行驶，这称为发动机轴动力组合式并联混合动力系统。由于电机和发动机采用了刚性连接，P1构型可实现辅助动力输出。在驾驶员踩下加速踏板后，整车控制器会控制

ISG电机立刻补充动力，以此让汽车保持动力性和经济性的高度平衡。在不同程度的制动过程中，ISG电机都可以实现发动机制动能量的回收和储存。在下长坡时还会根据具体车速施加辅助制动力矩，以此提升安全性。

如图1-38所示为P1构型实物。

图1-38　P1构型实物

目前P1构型多以轻度混合型混合动力汽车为主。本田IMA混合动力汽车和奔驰的S400混合动力汽车，都采用P1构型布局。P1构型不能使用纯电动模式。

3. P2构型

P2构型示意图如图1-39所示，典型结构为发动机→离合器→驱动电机→变速器→驱动车轮。

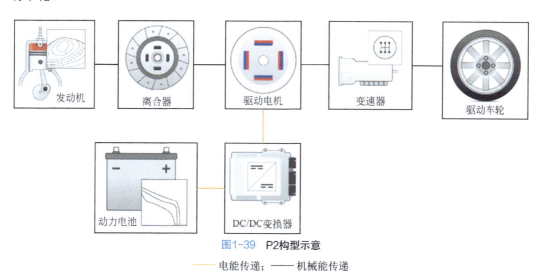

图1-39　P2构型示意
—— 电能传递；—— 机械能传递

P2在纯电动模式下可以和发动机断开连接，因为电机和发动机之间还有一个离合器，因此在纯电动模式下发动机并不会被拖动，同时由于P2模式下，电机的后面有变速器，因此变速器的所有挡位都可以被电机利用。

P2是目前市场混合动力车型采用最多的模式。电机放在离合器后变速器前，通过在发动机与变速器之间插入两个离合器和一套电机来实现混动，是一种并联式的两个离合器的混合动力系统。P2和P1模式基本相同，唯一区别在于电机和发动机之间有没有离合器，是不是可以切断电机的辅助驱动。P2系统可以实现纯电驱动。

因为电机和发动机之间有离合器，因此可以单独驱动车轮；在动能回收时也可以切断与发动机的连接。因为电机和轴之间可以有传动比，因此不需要太大的转矩，可以降低成本和电机的体积。

舍弗勒P2电驱动系统如图1-40所示，它主要由双质量飞轮、永磁同步电机（电机定子、电机转子）、干式离合器压片、电子离合器控制单元等组成，整个系统可集成峰值功率为25~80kW的电机。电机作为起动机时，转矩由电机向发动机方向传递，经可分离式离合器，可传递的峰值转矩为300N·m；而发动机和电机向变速器侧输出动力时，通过单向离合器向变速器传递转矩，最大可达800N·m。P2电驱动系统为了缩小电机轴向长度，控制单元基本都塞进了电机定转子中央，使其最小轴向长度仅为135mm，可安装在发动机与变速器之间。

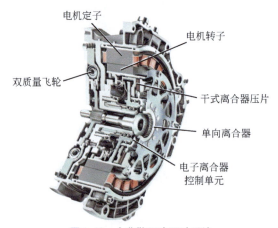

图1-40　舍弗勒P2电驱动系统

奥迪A3 e-tron混合动力系统采用了舍弗勒P2电驱动系统，如图1-41所示。大众探岳、迈腾等混合动力汽车也使用了P2电驱动系统。

图1-41　奥迪A3 e-tron混合动力系统

如图1-42所示为搭载在宝马上的P2并联混合动力系统，利用传统采埃孚的8AT变速器，用电机替代液力变矩器，并加装切换离合器，实现混合动力驱动。

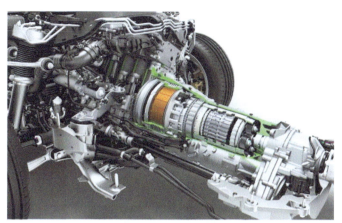

图1-42 搭载在宝马上的P2并联混合动力系统

P2构型的优势在于灵活性强，可以与现有的发动机与变速器构成的动力总成相配合组成混动系统，无论是纵置还是横置的汽油/柴油发动机都可以匹配P2模块。此外该模块也不挑变速器，AT、CVT和DCT等变速器都可以与之搭配，同时还可以适应从48V微混到插电式混动各种车型的使用。

另外，性价比也是其一大优势。由于只需要在发动机和变速器中间加入一个电机和分离式离合器，发动机和变速器无须大的改变即可实现混动效果，相比48V系统和ECVT，投资较少，同时在节油方面效果较好。

4. P3构型

在P3构型中，电机位于变速器输出端，与发动机共享一根轴，同源输出，如图1-43所示。P3最主要的优势是纯电驱动和动能回收的效率。同时，P3会比P2少一组离合器，且纯电传动更为直接，更高效。比如比亚迪秦，在急加速方面就表现非常突出。P3比较适合后驱车，有充足的空间予以布置。代表车型有本田i-DCD、比亚迪秦、长安逸动等。

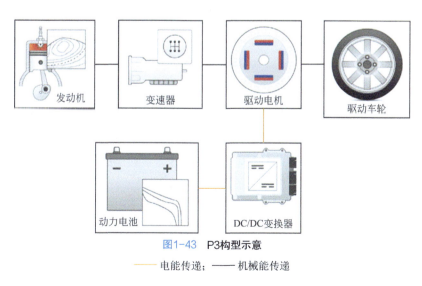

图1-43 P3构型示意
—— 电能传递；—— 机械能传递

如图1-44所示为P3构型实物。

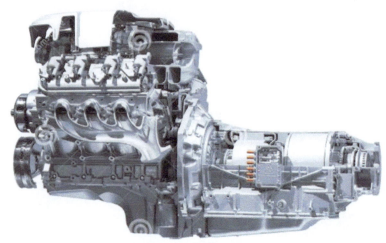

图1-44　P3构型实物

P2.5（也称PS）是介于P2和P3之间的一种混合动力形式，就是将电机整合进入变速器内。相比电机置于发动机输出端的P1及变速器输入端的P2形式，P2.5在油电衔接瞬时冲击方面更具优势。相比电机置于变速器输出端的P3形式，P2.5可将电机的力矩通过变速器多挡位放大，不仅能让电机经济运行区域更广，而且选型时也可以考虑采用功率更小的电机。吉利博瑞GE的PHEV版本，采用的动力系统是1.5T+7DCT，并采用了P2.5构型的混合动力系统。

如图1-45所示为P2.5构型。电机集成在变速器壳体内部位置，其输出端与变速器输出端形成并联结构。在纯电模式下，电机直接驱动车轮；在混合动力模式下，电机与发动机一同协调工作。

图1-45　P2.5构型

实际应用中被人们称为P3的混合动力构型，其实往往是P2.5。比如大众速腾混动、奥迪A3 e-tron、沃尔沃T5前驱混动、比亚迪秦等。使用P2.5的方案包含了中混、强混、混合策略插电混动以及增程式插电混动等。

5. P4构型

在P4构型中，电机放在后桥上，另外轮边驱动也叫P4。P4构型示意如图1-46所示。

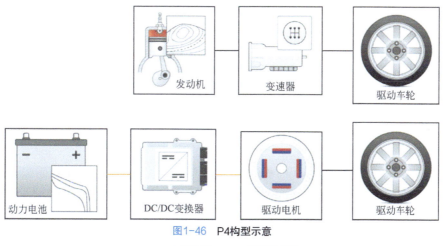

图1-46　P4构型示意
———电能传递；———机械能传递

P4布局最大的特点是电机与发动机不驱动同一轴，这意味着车辆可以实现四驱。如果混动车型有两个电机，就是Pxy构型。比如WEYP8，在发动机前端与后轴都有电机，属于P4构型。

P4大多应用于各种插电混动或者是微混模式，因为不方便纯电驱动与纯发动机驱动间的切换，P4强混反而是比较少的。因此，大部分P4混动采用插电混动，以电机后驱为主，只有在需要更大功率时才启动发动机驱动前轴。

如图1-47所示为P4构型实物。

图1-47　P4构型实物

现在经常有几种构型混合使用。宝马i8混合动力系统采用P0+P4构型，如图1-48所示。车体后方的发动机是一台小排量的1.5L涡轮增压发动机，它只有三个气缸，但通过涡轮增压技术、高压缸内直喷与气门升程可变技术等技术的运用，最大输出功率达到170kW，峰值转矩达到319N·m，并且通过将6速自动变速器、发动机整合于后方的布局，使得i8在使用汽油发动机为动力时，能够获得更加直接的动力输出反应。前轴的混合动力系统电动模块采用永磁同步电机，最大输出功率为96kW。宝马i8混合动力系统可以实现电机纯电动驱动前轮或者两组动力系统同时工作时实现四轮驱动，在后一种驱动模式下,车辆可以对传送到每个车轮的转矩进行高效调控,以此来保证车辆轮胎拥有出色的附着力。而此时i8混合动力系统的最大总输出功率达到266kW,峰值转矩达到569N·m。由于宝马i8混合动力汽车整车质量只有1490kg,加速性能非常出色。0～100km/h的加速时间只需4.9s,最高车速为250km/h。百公里油耗为2.5L,可续航500km,电池充满电最短时间不到2h。在纯电动模式下,宝马i8的续驶里程为35km,最高速度为120km/h。

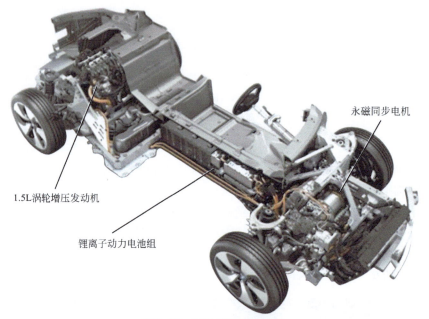

图1-48　宝马i8混合动力系统

　　天逸PHEV"三擎四驱"混合动力系统搭载1.6T PHEV专属高功率发动机和前后双电机,综合峰值功率为221kW,综合峰值转矩为520N·m,0～100km/h的加速时间为7s。其中,发动机峰值功率为147kW,峰值转矩300N·m。天逸PHEV采用"P0+P2+P4"三电机混合构型,如图1-49所示。

　　P0架构即BSG(皮带式发电/启动一体机),位于发动机附件里面,可启动发动机,也可给蓄电池充电。它可以有效避免前电机同时需要驱动车辆和启动发动机带来的抖动冲击感,消除低电量时,因动力电池的功率不足,电机同时需要驱动车辆和启动发动机带来的风险,还可以降低传统起动机的启动噪声。

　　前置驱动电机采用P2架构,集成于变速箱内部,可实现纯电驱动,可与发动机实现混合驱动,也可以充当发电机角色,或给动力电池充电,或给后电机提供电能驱动车辆,也可进行制动能量回收。

　　后置驱动电机采用P4架构,可以单独驱动车辆,与前电机共同驱动实现纯电四驱,与发动机共同驱动实现混合四驱,也可进行制动能量回收。

　　基于优越的三电机架构,天逸PHEV匹配了混动、电动、运动及四驱四种驾驶模式。混动模式可以智能控制三擎动力工作状态,保持最佳驾驶感受;电动模式仅靠电机驱动,适合城市路况;四驱模式下,后电机始终工作,发动机与前电机按需介入,适合复杂路况;运动模式可以让发动机更有效地工作,输出澎湃动力,适合更加刺激的驾驶场景。

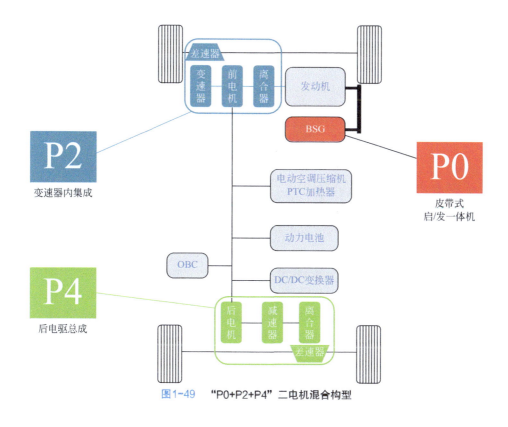

图1-49 "P0+P2+P4"二电机混合构型

第五节
混联式混合动力汽车

混联式混合动力汽车通过动力耦合器对发动机、发电机和驱动电机进行动力耦合，整车在行驶过程中可通过控制策略实现多种工作模式的切换。混联式驱动系统充分发挥串联式和并联式混合动力的优点，能够使发动机、发电机、驱动电机等部件进行更多的优化匹配，从而在结构上保证在更复杂的工况下使系统在最优状态工作，所以更容易实现排放和油耗的控制目标，因此是非常有影响力的混合动力汽车。

一、混联式混合动力汽车的结构

混联式混合动力汽车的结构如图1-50所示，它主要由发动机、发电机、功率变换器、电机控制器、驱动电机、动力耦合器、动力电池系统等部件组成。发动机发出的功率一部分通过机械传动系统输送给驱动桥，另一部分则驱动发电机发电。发电机发出的电能输送给电机或动力电池，驱动电机产生的驱动力矩通过动力耦合器传送给驱动桥。混联式驱动系统的控制策略是，行驶时优先使用纯电动模式；在动力电池的荷电状态（SOC）降到一定限值时，切换到混合动力模式下行驶，在混合动力模式下，启动和低速时使用串联式系统的发电机发电，驱动电机驱动汽车行驶；加速、爬坡、高速时使用并联式系统，主要由发动机驱动汽车行驶。发动机的多余能量可带动发电机发电，给动力电池充电。

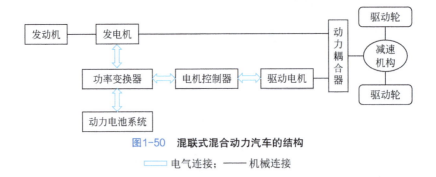

图1-50　混联式混合动力汽车的结构

━━ 电气连接；━━ 机械连接

二、混联式混合动力汽车的工作模式

混联式混合动力汽车的工作模式主要有纯电驱动模式、纯发动机驱动模式、混合驱动模式、行车充电模式、再生制动模式和停车充电模式。

1. 纯电驱动模式

纯电驱动模式是指车辆由动力电池通过功率变换器向驱动电机供电，驱动电机通过动力耦合器提供驱动力。此时，发动机、发电机处于关闭状态，如图1-51所示。

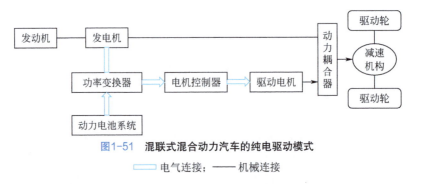

图1-51　混联式混合动力汽车的纯电驱动模式

━━ 电气连接；━━ 机械连接

2. 纯发动机驱动模式

纯发动机驱动模式是指仅由发动机向车辆提供驱动力，动力电池既不从传动系统中获取能量也不提供电能。此时，驱动电机处于关闭状态，如图1-52所示。

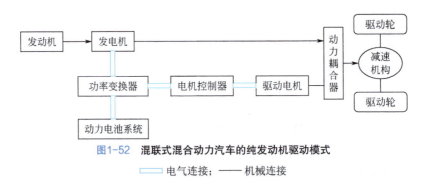

图1-52　混联式混合动力汽车的纯发动机驱动模式

━━ 电气连接；━━ 机械连接

3. 混合驱动模式

混合驱动模式是指车辆的驱动力由驱动电机和发动机共同提供,并通过动力耦合器合成后,向机械传动装置提供动力,如图1-53所示。

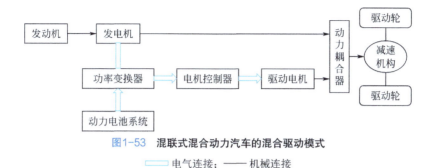

图1-53 混联式混合动力汽车的混合驱动模式
　　电气连接；—— 机械连接

4. 行车充电模式

行车充电模式是指发动机除提供车辆行驶所需要的驱动力外,同时向动力蓄电池提供充电,此时驱动电机关闭,如图1-54所示。

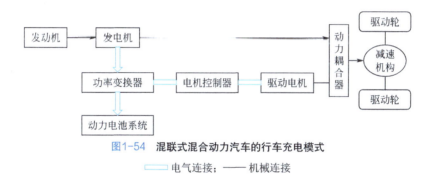

图1-54 混联式混合动力汽车的行车充电模式
　　电气连接；—— 机械连接

5. 再生制动模式

再生制动模式是指发动机关闭,驱动电机运行在发电机状态,通过消耗车辆本身的动能产生电能向蓄电池充电,如图1-55所示。

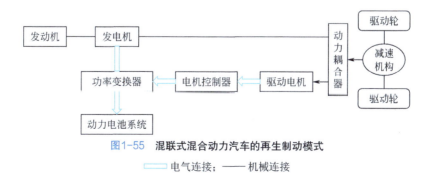

图1-55 混联式混合动力汽车的再生制动模式
　　电气连接；—— 机械连接

6. 停车充电模式

停车充电模式是指车辆停止行驶,发动机带动发电机发电,向动力电池提供电能进行充电,如图1-56所示。

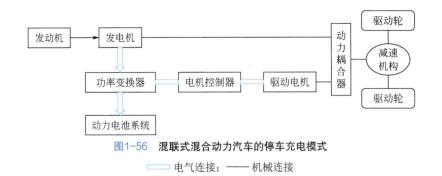

图1-56 混联式混合动力汽车的停车充电模式

▭ 电气连接； ── 机械连接

三、混联式混合动力汽车的特点

1. 混联式混合动力汽车的优点

① 低排放性。应对复杂的运行工况，混联式混合动力汽车具有多种驱动模式，能保证发动机在最佳工作区域工作，最大限度降低有害气体排放。

② 低油耗性。在低速运行时，动力系统主要以串联模式运行，燃料经济性好。

③ 较强的动力性。在加速或高速运行时，动力系统主要以并联模式运行，发动机和电机同时提供驱动力，为汽车运行提供较强动力。

④ 较好的舒适性。启动及中速以下行驶时，电机独立驱动汽车行驶，减少了噪声，提高了舒适性。

2. 混联式混合动力汽车的缺点

① 控制策略较复杂。由于混联式混合动力汽车有两套动力系统，可以分别单独驱动或耦合参与驱动，因此该结构具有多种驱动模式。多种驱动模式之间的切换及两种动力的耦合的控制比较复杂。

② 整车布置复杂。由于混联式混合动力汽车存在两套动力系统，并且发动机和驱动轴之间存在机械连接，以及考虑两种动力的耦合，因此底盘的布置比较复杂。

③ 技术难度较大，成本较高。

四、混联式混合动力汽车的构型

混联式混合动力汽车的构型主要有串并联混联系统和功率分流混联系统。

1. 串并联混联系统

串并联混联系统构型示意如图1-57所示。

典型的串并联系统构型是以本田iMMD系统为代表的混合动力汽车，如图1-58所示。

电耦合CVT包含电机、发电机和离合器，内置在变速器壳体中，与专为混合动力汽车开发的阿特金森循环发动机一起，布置在发动机舱中。

动力控制装置包含一个提升锂离子电池电压的电压控制单元，一个用于控制电机和发电机的电机控制单元，以及一个位于电耦合CVT上方的变频器。

智能供电装置位于后座椅后方，包含锂离子电池、DC/DC变换器和DC/DC变换器的电池控制单元。插电式混合动力车辆还配备了专用的大容量锂离子电池和高输出车载

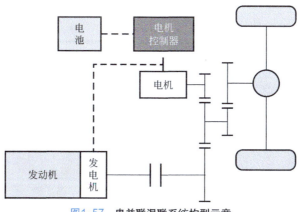

图1-57 串并联混联系统构型示意

图1-58 配置本田iMMD系统的混合动力汽车

充电器,可以在EV驾驶模式下实现远距离的城市内行驶。

本田iMDD混合动力系统如图1-59所示,由2.0L直列4缸发动机和电耦合CVT单元组成。

阿特金森循环发动机采用VTEC、电动VTC和冷却EGR,峰值功率为105kW,峰值转矩为165N·m。电机采用永磁同步电机,峰值功率为124kW,峰值转矩为307N·m,最高转速为12584r/min,最高电压为700V。

本田iMMD系统有三种驱动模式,通过根据驱动条件选择合适的驱动模式,系统效率得到提高。

第一种模式称为纯电驱动模式。在这种模式下,车辆通过电机使用存储在锂离子电池中的电力来驱动。

第二种模式称为混合动力驱动模式。在该模式中,发动机动力通过发电机转换为电力,并且车辆通过使用该电力的电机行进(系统作为串联混合动力)。当发电机产生的电力比电机消耗的电力小时,将通过锂离子电池放电来补偿。当发电机产生过量的电

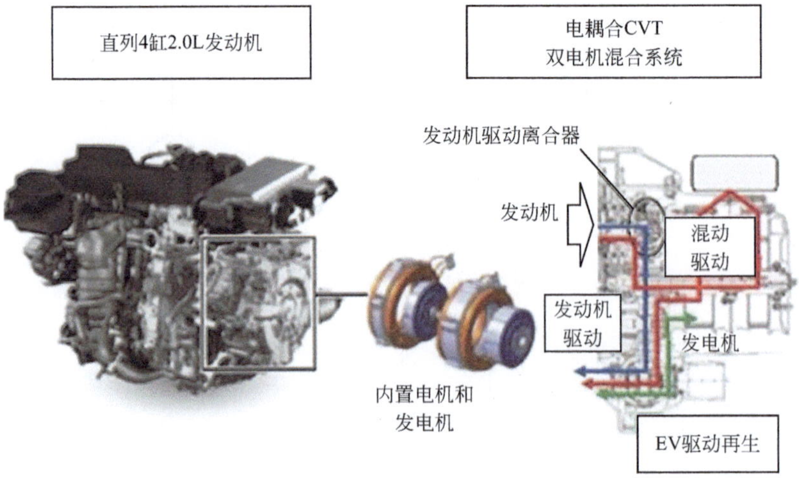

图1-59 本田iMDD混合动力系统

力时,多余的电力将被充进锂离子电池。

第三种模式称为发动机驱动模式。在这种模式下,发动机和车轴使用离合器在固定传动比时进行耦合,并且车轮直接由发动机进行驱动(系统作为并联混合动力)。在这种情况下,电机执行辅助和充电功能,可以从锂离子电池(辅助)放电,或充电到锂离子电池。

串并联混联系统具有以下优点。

① 结合了串联构型和并联构型的优势,行驶工况适应性好。

② 消除了并联结构中发动机转速与车轮转速无法解耦的缺陷,使得发动机转速可控,从发动机最优经济性运行曲线角度考虑,提高了节能减排的效果。

③ 在发动机直驱效率较高的工况,通过结合离合器,使发动机能够以并联结构直接驱动整车。

④ 配备离合器,意味着整车起步后,传动系统与发动机之间脱离,具备了纯电行驶的能力。

不足之处是相比其他构型,该构型中发动机、电机没有多个挡位进行工作点的调整,想得到更好的燃油经济性,对系统动力部件的高效区以及最高效率都提出了较高的要求,系统成本较高。

2. 功率分流混联系统

福特蒙迪欧插电式混合动力汽车采用功率分流混联系统构型,如图1-60所示。

福特蒙迪欧功率分流式混合动力系统拥有EV Auto、EV Now和EV Later三种驱动模式。通常行驶过程中,系统默认EV Auto模式,该模式能够让汽车在纯电驱动、混合驱动、电力助力、驻车充电和再生制动工作模式之间进行智能切换,从而大幅降低油耗。EV Now模式时,汽车可以在纯电状态下行驶接近52km,整个过程几乎不用启动发动机。而EV Later模式下,汽车主要依靠发动机驱动行驶,并且系统会自动记录当前所消耗的电量。

福特的混合动力系统采用了一组行星齿轮分配发动机和发电机之间的动力传输,来解决电池充电的问题,在这方面福特和丰田采用了相同的方案。

功率分流构型以丰田系统为代表,丰田混合动力系统详见第三章。

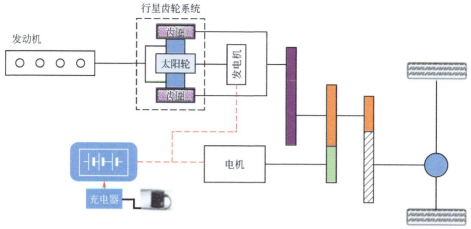

图1-60 福特蒙迪欧插电式混合动力汽车的功率分流混联系统构型
----- 电气连接；—— 机械连接

第六节 插电式混合动力电动汽车

插电式混合动力电动汽车的车载动力电池可以利用电网进行补充电能，具有较长的纯电动续驶里程，必要时仍然可以工作在混合动力模式。当车载动力电池电量足够时，优先工作在纯电动模式下；当车载动力电池电量不足时，适时切换到混合动力模式下工作；通过电网充满电后，再进入纯电驱动模式。插电式混合动力电动汽车属于新能源汽车。

插电式混合动力电动汽车也和传统混合动力汽车一样，分为串联式插电混合动力电动汽车、并联式插电混合动力电动汽车和混联式插电混合动力电动汽车，如图1-61所示。

插电式混合动力电动汽车与常规混合动力汽车和纯电动汽车相比，主要有以下几方面区别。

（1）需要配套充电装置　插电式混合动力电动汽车需要连接外部电网对动力蓄电池充电蓄能，并且要求充电装置充电速率较快。

（2）需要大功率电机　常规混合动力汽车以发动机作为主要动力源，电机只作为辅助动力，通过电机单独驱动车辆工况较少，因此所需电机功率不用太大。插电式混合动力电动汽车具有纯电动驱动模式，在电量充足时，完全由驱动电机驱动车辆行驶，这就要求驱动电机具有较大功率。

（3）需要较大容量电池　常规混合动力汽车的电池容量很小，一般仅在汽车起步低速工况下使用，纯电动模式运行里程较短，没有外部充电功能；插电式混合动力电动汽车的电池可利用220V电网迅速充电，特别是在夜间充电可提升电网整体利用率，同时续驶里程也大大提高。

（4）多动力分离/复合机构　在纯电动行驶模式下，发动机不工作，此时就需要将发动机与驱动电机的机械连接分离，提高电机效率，减小机械损耗，提升车辆整体动力性。

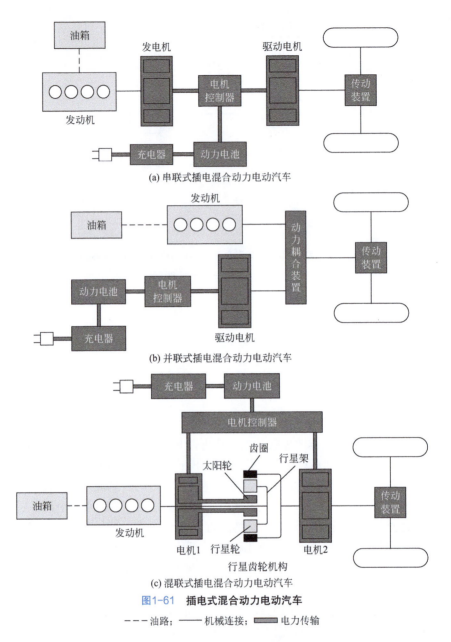

图1-61 插电式混合动力电动汽车

- - - 油路；—— 机械连接；▨ 电力传输

如图1-62所示为途观L插电式混合动力电动汽车，其混合动力系统由高压电池系统（高能量三元锂电池）、集成驱动电机的混动变速器、EA211 1.4L TSI涡轮增压发动机组成，实现了燃料经济性和强劲动力的完美平衡；综合续驶里程为862km，其中纯电续驶里程为52km，系统峰值功率和系统峰值转矩分别为155kW、400N·m，混合动力模式最高车速为200km/h，0～100km/h加速时间为8.2s，综合燃料消耗量低至1.9L/100km；同时提供多种驾驶模式选择，驾驶员可根据路况、油量及电量情况，在纯电模式、混合动力模式、蓄电池保持模式、蓄电池充电模式、运动模式之间进行切换，尽享驾驶乐趣。

途观L插电式混合动力电动汽车的充电口如图1-63所示。途观L插电式混合动力电动汽车搭载的智能电控管理系统，可实时监控调节电池温度，有效避免过充、过放等异常情况；驾驶员可通过微信端在线查询电量及附近充电桩。

(a) 外形

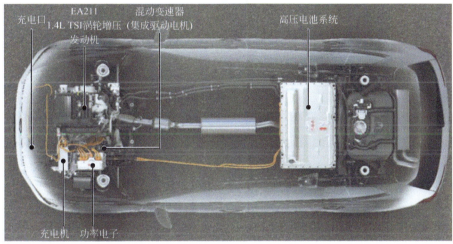

(b) 混合动力系统

图1-62 途观L插电式混合动力电动汽车

图1-63 途观L插电式混合动力电动汽车的充电口

第七节 增程式电动汽车

增程式电动汽车（Extended-Range Electric Vehicle，E-REV）可以看作是在纯电动汽车结构的基础上附加了一个车载增程器发电系统。在目标续驶里程较短的情况下，可在纯电动模式下行驶，此时增程式电动汽车的工作状态与纯电动汽车的工作状态相同。整车在纯电动模式下，可以达到车辆具有的所有动力性能；当车辆的动力电池无法满足续驶里程需求时，车辆可以适时启动车载增程器，为动力电池补充电能，延长续驶里程。

一、增程式电动汽车的结构

增程式电动汽车中存在三种能量源：一是动力电池，为增程式电动汽车主要能量源，负责纯电动行驶中的能量供给；二是增程器，为增程式电动汽车的备用能量源，负责动力电池以及驱动电机的能量补给；三是驱动电机，为增程式电动汽车回收能量源，是指在制动能量回馈过程中驱动电机回馈的能量。

增程式电动汽车动力传动系统的组成如图1-64所示，主要由驱动电机系统、增程器和整车控制器等组成。与纯电动汽车相比，增加了增程器。增程器由发动机、发电机及其控制器共同组成，当动力电池电量不足时，通过增程器发电为驱动电机提供电能，增加续驶里程。

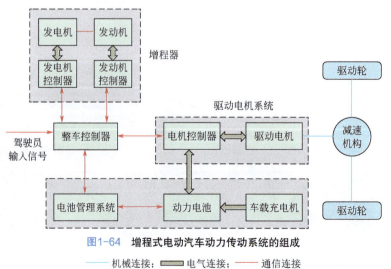

图1-64　增程式电动汽车动力传动系统的组成

── 机械连接；━━ 电气连接；── 通信连接

1. 驱动电机系统

驱动电机系统与纯电动汽车的类似，也由驱动电机及电机控制器组成。区别在于驱动电机能量来源除动力电池外，还有增程器。发动机到驱动电机之间没有机械连接，通过发电机发电将发动机发出的机械能转化为电能，然后电机控制器根据车辆工况的需求将电能分配给驱动电机，如果有多余的电能将被储存到动力电池中。

增程式电动汽车驱动电机应该具备较高的功率密度，而且在较宽的转速和转矩范围内具备较好的效率特性，同时驱动电机控制器能实现双向控制，以实现制动能量回收。

增程式电动汽车驱动电机参数匹配方法与纯电动汽车一样，根据整车动力性匹配驱动电机的峰值功率。在满足动力性前提下，为提高驱动电机工作效率并减轻重量，尽量选择较小峰值功率以及高转速的电机。

2. 电源系统

电源系统与纯电动汽车的类似，也是由动力电池、电池管理系统、车载充电机等组成。区别在于动力电池的要求需兼顾纯电动和混合动力两种模式，具体要求如下：在深度放电的情况下，依然有较长的循环寿命；在较低的SOC状态下，可输出大功率的电能，使增程式电动汽车在低SOC下加速性能仍然良好；在高的SOC状态下，可以接受大电流充电，以保证制动能量回收的效率不受SOC状态的影响；在保持高SOC状态下，可延长其使用寿命；能量密度及比能量高，以减小电池组的体积和质量；安全性好。

动力电池是整车驱动的主要能量源，是能量储存装置，应具有良好的充放电性能，用以保证车辆的动力性和再生制动回收的能力；其容量应能够满足增程式电动汽车性能要求的纯电动续驶里程；其电压等级要与电力系统电压等级和变化范围一致；其充放电功率应能够满足整车驱动和电气负载的功率要求。

增程式电动汽车纯电动模式的续驶里程较短，动力电池容量要求比纯电动汽车低。

3. 增程器

发动机、发电机及其控制器共同组成了增程器（Auxiliary Power Unit，APU）。增程器是增程式电动汽车动力传动系统的关键组件，发动机/发电机系统与驱动车轮在机械上是分离的，发动机的转速和转矩与速度和牵引转矩的需求无关，因此可控制发动机运行在其转速-转矩平面上的任意点。通常应控制发动机使其运行在最佳工况区，此时发动机的油耗和排放降到最低程度，由于发动机和驱动车轮没有机械连接，因此最佳的发动机运行状态是可以实现的，与驱动电机系统的运行模式和控制策略密切相关。

增程器只提供电能，电能用来驱动电机或者为动力电池充电，增加电动汽车的续驶里程，发动机到驱动电机之间的动力传动路线没有机械连接，可以将电能用于驱动车辆，不经过动力电池的充放电过程，降低了从增程器到动力电池的能量传递损失。

增程器根据电能来源的不同可分为发动机/发电机组、燃料电池和超级电容等，其中发动机/发电机组的增程器是目前应用最多和技术最成熟的增程器。增程器用发动机的选型目前主要有往复式发动机和转子式发动机。往复式发动机属于传统发动机，是最为常见的一种发动机。转子式发动机一般燃烧效率较低，但其特殊的结构使其具有旋转顺畅、利于小型化的优点，符合增程器的设计要求；且在增程器上转子式发动机是在一定条件下启动，因此并不比往复式发动机逊色。

增程器中发动机与发电机连接方式主要有两种：弹性联轴器结构连接和直接刚性连接件连接。前者轴线尺寸会较大，对定位安装工艺要求高；后者发电机惯量及动态加载会给轴系带来冲击，存在动力过载损坏轴系的危险。

增程器要稳定可靠,可以立刻启动并进入正常工作状态。为了实现高效率和低排放的要求,要求系统处在最优工作点工作,因此控制器非常关键,通过控制策略和优化措施,在保证整车动力性前提下提高经济性和效率。

如图1-65所示为吉利的增程系统。它是通过汽油发动机直接实现动力电池充电,而后再用电力去驱动电机,实现车辆的驱动行驶。

图1-65 吉利的增程系统

4. 整车控制器

整车控制器通过CAN网络与发动机控制器、发电机控制器、驱动电机控制器以及电池管理系统进行信息交互,实现增程的控制。增程器、驱动电机、动力电池三者之间通过整车控制器进行电能交互,实现能量的最优分配。同时动力电池通过车载充电机充电,保证纯电动模式下的行驶。

广汽传祺GA5增程式电动汽车如图1-66所示,它搭载了永磁同步电机,可输出峰值功率为94kW,峰值转矩为225N·m。纯电动模式下续驶里程为80km。当电池容量不足时,配备的1.0L发动机将会通过发电机给电池供电,发动机是不参与动力驱动的。新车最大续驶里程超过600km。

图1-66 广汽传祺GA5增程式电动汽车

纯电动汽车、增程式电动汽车和插电式电动汽车的架构比较如图1-67所示。

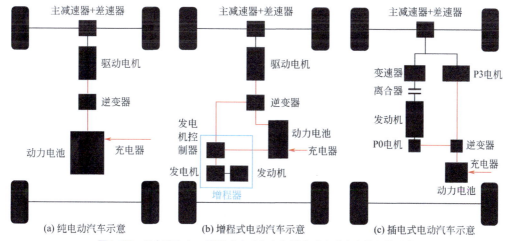

图1-67 纯电动汽车、增程式电动汽车和插电式电动汽车的架构比较
—— 电气连接；—— 机械连接

与纯电动汽车相比，可以明显看到，增程式电动汽车多了个增程器，它们的主驱动部分完全相同，即车轮仅由主驱动电机驱动，两者的主驱动电机功率相同；与纯电动汽车和增程式电动汽车相比，插电式电动汽车有两个机械动力源，即电机和发动机，也就是说发动机和电机可以同时驱动车轮，就是所谓的混动。

从概念上理解，混动一定要有两个或两个以上的动力源；如果只有一个动力源，一定不是混动。正因为插电式电动汽车可以由发动机和电机同时驱动，电机功率可以小一些；另外，电池的容量要求也要小得多。因此，插电式电动汽车的成本相对来说会低一些。但是，插电式电动汽车需要一个高性能变速器。仅从结构上看，增程式电动汽车相对简单一点，但其主驱动电机的功率要较插电大得多，会增加整车的设计成本。从系统效率来看，插电式电动汽车在高速巡航情况下会较增程好一些。

三种电动汽车的比较见表1-1。

表1-1 三种电动汽车的比较

项目	纯电动汽车	增程式电动汽车	插电式电动汽车
结构（复杂度）	简单	中等	复杂
动力电池（容量）	大	中等	小
驱动电机（功率）	大	大	中等
发动机（功率）	无	中等	中等
传动系统（复杂度）	简单	中等	复杂
驱动形式	纯电动	纯电动、增程器发电驱动、混合驱动	纯电动、发动机驱动、混合驱动
充电形式	大功率充电桩	小充电桩，加油站加油	小充电桩，加油站加油
电池放电程度	深度放电	浅充浅放	浅充浅放
发动机工作状态	无	最佳工作状态	随车速变化
排放	零排放	中等	中等
系统效率	高	中等	中等

二、增程式电动汽车的工作模式

增程式电动汽车的动力传动系统在组成上与串联插电式混合动力汽车的动力系统相似。特殊之处在于增程式电动汽车的能量传递路线体现出两种动力系统,但是只有一种驱动方式,即电机驱动,不需要非常复杂的电能与化学能的耦合。在结构上,增程式电动汽车是在纯电动汽车的基础上开发的电动汽车,增程器的布置对原有车辆的动力系统结构影响较小。之所以称为增程式电动汽车是因为车辆追加了增程器,而为车辆追加增程器的目的是进一步提升纯电动汽车的续驶里程,使其能够尽量避免频繁地停车充电。

如果严格按照增程式电动汽车的定义,增程器不能单独驱动车辆,但目前技术路线已经发生改变,增程器可以单独驱动车辆,因此,增程式电动汽车有5种工作模式,即纯电动模式、增程器单独驱动模式、混合驱动模式、制动模式和停车充电模式。

1. 纯电动模式

当动力电池能量充足时,使用纯电动模式。纯电动模式的能量传递路线如图1-68所示,增程器处于关闭状态,动力电池是唯一的动力源,相当于一辆纯电动汽车。不同之处是,增程式纯电动行驶里程可以设置得相对较小,不必装备大量的动力电池,既降低了成本又降低了整车重量。动力电池的能量应能够满足车辆起步、加速、爬坡、怠速,以及驱动汽车空调等附件的功率需求。

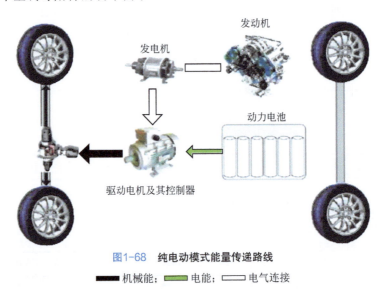

图1-68 纯电动模式能量传递路线

■ 机械能; ■ 电能; □ 电气连接

2. 增程器单独驱动模式

当动力电池能量不足时,使用增程模式。增程模式能量传递路线如图1-69所示。在动力电池SOC值降至设定的阈值SOC_{min}时,增程器启动,发动机根据制定的控制策略运行在最佳的状况,使发电机发电,一部分用于驱动车辆行驶,多余的电能为动力电池充电。

当动力电池电量恢复至充足时,发动机又停止工作,继续由动力电池驱动电机,提供整车功率需求。

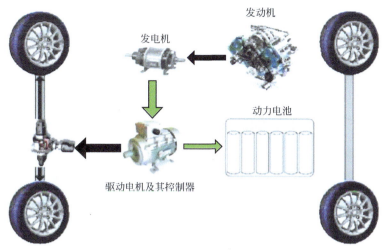

图1-69 增程模式能量传递路线

━━ 机械能；━━ 电能

3. 混合驱动模式

当路面需求功率较大，动力电池供能不足时，增程器开启，发动机-发电机组联合动力电池一起工作，提供整车行驶需要的动力，混合驱动模式能量传递路线如图1-70所示。

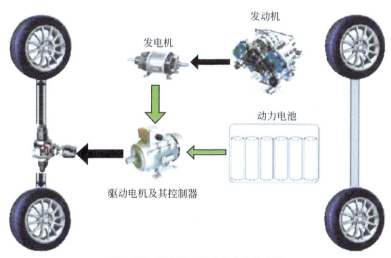

图1-70 混合驱动模式能量传递路线

━━ 机械能；━━ 电能

增程器单独驱动模式和混合驱动模式都属于增程模式。增程模式的发动机可以有多种工作方式，根据控制策略的不同，可以选择发动机恒功率模式、功率跟随模式、恒功率与功率跟随结合模式，此外还有智能控制策略和优化算法控制策略等复杂控制策略模式。当车辆停止的时候，可以利用市电为动力电池充电。

4. 制动模式

当车辆运行过程中，发生减速、制动请求时，驾驶员需要踩下制动踏板。当满足一定的条件，整车即进入制动能量回收模式；当制动强度较低、制动较为缓和、制动请求功率较小时,采用电机单独制动;当发生急减速或紧急制动时,一旦车辆的制动负载功率超出电机再生制动功率的上限,为了保护蓄电池组、限制其输入功率,此时摩擦制动器参与工作,与电机再生制动协同提供车辆的制动功率需求。制动模式能量传递路线如图1-71所示。再生制动可以将车辆的动能转化为电能储存在动力电池中,以供车辆驱动使用,提高了整车能量利用率。在再生制动情况下,电机以发电状态工作,回收的制动能量储存在动力电池中。

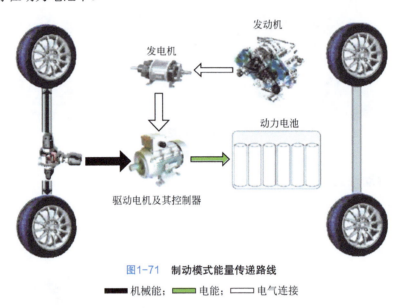

图1-71　制动模式能量传递路线

■ 机械能;　■ 电能;　⎯ 电气连接

5. 停车充电模式

停车充电模式的能量传递路线如图1-72所示。停车时动力系统全部停止,此时通过车载充电机连接外接电网对动力电池进行充电,以备下次行车使用。此模式是保证车辆大部分纯电动行驶的基础,可减少燃料发动机的使用频次,能够显著降低车辆的行驶成本以及减少车辆的污染物排放。

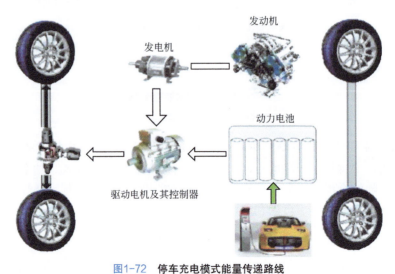

图1-72　停车充电模式能量传递路线

■ 机械能;　■ 电能;　⎯ 电气连接

三、增程式电动汽车的特点

增程式电动汽车与纯电动汽车相比，可以随时在加油站加油，续驶里程得到很大提高。在相同的续驶里程条件下，增程式电动汽车动力电池的容量只需要纯电动汽车的30%～40%，无须配备大容量的动力电池，可使成本大幅降低。当动力电池SOC值降低到阈值时，转为增程模式运行，避免了动力电池的过放电，寿命可以得到延长。

增程式电动汽车与常规混合动力汽车相比，由于混合动力汽车采用了复杂的机械动力混合结构，发动机和电机复合驱动，电池能量很小，只起到辅助驱动和制动能量回收的作用。增程式电动汽车采取电池扩容的方式解决了电池驱动的续驶能力问题。增程式电动汽车能外接充电，尽可能利用晚间低谷电力充电，进一步提高了能源利用率。

与插电式混合动力电动汽车相比，增程式电动汽车在电能充足条件下行驶时发动机不参与工作。因此，增程式电动汽车并不需要像插电式混合动力电动汽车那样对其工作模式进行特定的说明。增程式电动汽车所使用的动力电池、驱动电机以及动力系统的用电功率都必须从满足整车性能的要求而加以设计，车辆所搭载的动力电池及其容量也必须从能够满足纯电动汽车整车性能需要的角度加以考虑。在动力电池电能充足的情况下，增程式电动汽车必须在所有的工作模式下维持纯电动模式。在增程器设计方面，增程式电动汽车允许将发动机的功率显著降低，发动机所提供的动力不需要达到车辆动力性能所需的峰值功率，仅满足车辆行驶所需要的持续动力需求即可。

增程式电动汽车能够有效提高燃料利用率，主要原因如下。

① 由于发动机不是直接与机械系统相连，发动机的工作状态相对独立，可将发动机设定于最佳效率点工作。

② 在电量保持模式下，主要由发动机驱动整车行驶，当需求功率较小时，发动机关闭，由动力电池驱动整车行驶；当需求功率较大时，动力电池提供发动机功率不足的部分，这样可避免发动机的工作点波动，保证发动机工作于最佳效率点。

③ 当车辆制动时，动力电池能有效回收制动能量。

综上所述，增程式电动汽车是一种可增加续驶里程的纯电动汽车，兼有混合动力汽车和纯电动汽车的特征，是现阶段解决新能源汽车技术问题最切实可行的方案之一。增程式电动汽车具有以下特点。

① 在纯电动模式下，发动机不启动，由动力电池驱动整车行驶，这样可减少整车对石油的依赖，缓解石油危机。

② 在动力电池电能不足时，为了保证车辆性能和动力电池的安全性，进入电量保持模式，由动力电池和发动机联合驱动整车行驶。

③ 整车纯电动续驶里程满足大部分人员每天行驶里程的要求，动力电池可利用晚间低谷电力充电，缓解供电压力。

④ 整车大部分情况下在电量消耗模式下行驶，能达到零排放和低噪声的效果。

⑤ 发动机与机械系统不直接相连，发动机可工作于最佳效率点，大大提高整车燃料效率。

四、新型增程式电动汽车分析

由于新能源汽车正处于发展时期,很多技术路线还在探索之中,经常会有新的技术路线出现,成为新型增程式电动汽车。例如日产e-POWER电动汽车烧的是油,用的确是电,它与传统电动汽车和常规混合动力汽车的差别如图1-73所示。

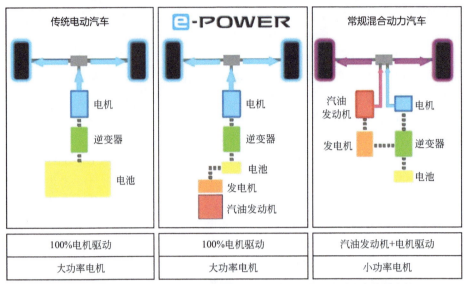

图1-73 日产e-POWER电动汽车与传统电动汽车、常规混合动力汽车的比较

由于e-POWER电动汽车实际驱动为串联式的混动形式,正常行驶主要是电动驱动,发动机不参与驱动,因此相较于传统的纯电车型来说,e-POWER多了汽油发动机部分,汽油发动机负责给动力电池充电,续航能力更好;而相较于并联形式的混动车型,e-POWER发动机不驱动车辆,通过合理的调配,车辆拥有更好的燃油经济性。e-POWER就像是一款增程式电动汽车,不过和之前的增程式车型来对比,e-POWER的电池容量更小,仅为1.5kW·h,并且取消了充电接口,结构更加简单,成本更低,但是续航能力、性能都得以保留。

e-POWER电动汽车的动力系统如图1-74所示。

图1-74 e-POWER电动汽车的动力系统

e-POWER电动汽车具有以下优势。

① e-POWER电动汽车是靠驱动电机驱动,所以从本质上就和汽油机车型不同,驱动的特性也会有明显的差异,如图1-75所示。首先,驱动电机在理论上动力的响应更加迅速,整个反应的过程就和传统汽油机车型不同。

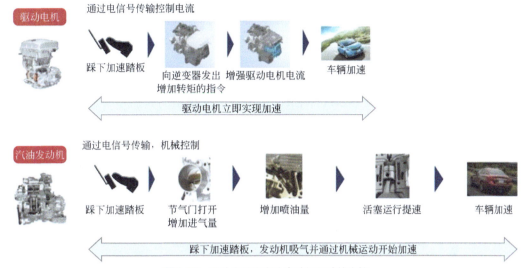

图1-75 驱动电机和汽油发动机驱动的比较

通过对比可以看到,在踩下踏板之后e-POWER车型的反应过程比传统汽油机过程更简洁。踩下踏板后,电脑向逆变器发出增加转矩指令,紧接着驱动电机可以更迅速地做出反应,车辆速度就会有明显的增加。相较而言,传统汽油机过程更加烦琐,每个环节都需要时间来完成,发动机做出的回应也更慢。

驱动电机还有一个特点,深踩油门后,其开始全力输出,并不会像汽油机车那样是线性输出。通常这样的情况会让传动轴转动并产生明显的振动,让传动变得不够平稳;而e-POWER通过良好的逆变器控制技术实现了平稳的转矩输出,如图1-76所示。

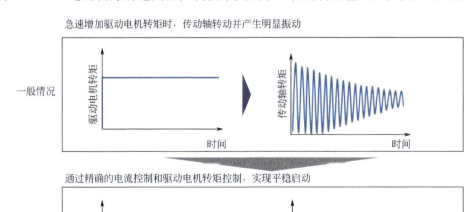

图1-76 输出转矩的比较

从图1-76中可以看到，一般车辆急加速时，驱动电机的转矩瞬间就达到了峰值，并且会一直保持着峰值水平，而传动轴转矩的传输是不平稳的，存在着剧烈的振动；e-POWER通过精确的电流控制和驱动电机转矩控制，实现平稳启动，图中可以看到在急加速的时候，驱动电机转矩确实也会瞬间达到峰值，不过随后立即下降，达到较低的水平，再进行线性的上升，传动轴转矩输出也很好地保持在较高的水平上。

在动力输出方面，e-POWER的电池组具备类似闪充闪放的功能，可以快速充电，保证车辆随时具备良好的能源储备；也可以快速放电，增大动力输出，让车辆动力更为强劲，消费者可以获得更好的性能体验。

② 静谧性优秀。电动汽车安静是已经达成的共识，而需要发动机供电的e-POWER是否安静呢？官方用目前配备e-POWER的车型和不同级别的其他车型进行了对比，其结果如图1-77所示。

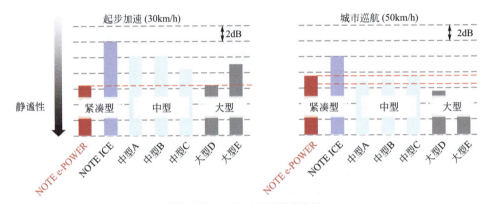

图1-77　电动汽车静谧性的比较

与汽油机车型对比来看，e-POWER在低速起步阶段有着绝对的静音优势，静音能力比更高级的产品还要好，在中等速度的巡航阶段，测试车辆的静音能力表现一般，不过和汽油版本的NOTE来对比也是要优秀很多。

和混合动力车型则是比发动机启动的时间，更多的是比较谁的发动机启动时间更短，毕竟混合动力车型的噪声主要来源于发动机的启动和运行。e-POWER与混合动力车型的比较如图1-78所示。

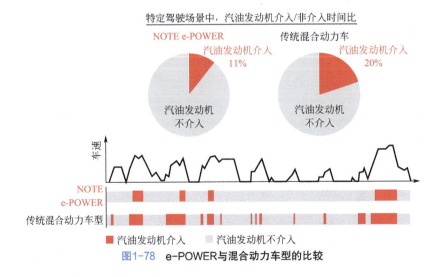

图1-78　e-POWER与混合动力车型的比较

可以看出，在相同的车速条件下，e-POWER的发动机启动时间比传统混合动力车型下降将近一半，这就让发动机的噪声在根源上得到减少。值得一提的是，e-POWER不仅照顾到车内人员的静音舒适性，还考虑到车外环境，如果深夜在住宅区行驶，还可以将车辆调整为静音模式，在静音模式下，无论车辆电池余量剩余多少，车辆都会尽可能地不启动发动机，直至电池电量不足以支撑。

③ 单踏板模式，驾驶更轻松，同时兼顾能量回收。e-POWER在很多设定上都与现有车型不同，在驾驶方面也有着自己的特色，配备e-POWER技术的车辆产生的减速度是汽油发动机车型的3倍，只需操控加速踏板即可控制车速，通过操控加速踏板即可实现日常中70%的减速操作，从而大幅减少加速踏板与制动踏板之间切换的频次。"单踏板模式"即完全松开油门踏板后，驱动电机以较大的功率进行动能回收，车辆减速较快，可部分替代刹车功能，因此驾驶员在多数路况可以通过油门踏板深浅实现对车辆加减速的控制。这种技术目前在国内很多品牌中都能见到，已经开始普及，甚至有人预言"单踏板模式"以后将会是新能源车型的标配。

④ 出众的燃油经济性。e-POWER最显著的特点是其驱动系统和发电系统是分开的，这样，由于没有驾驶性的限制，发动机用于增程发电的控制就可以通常工作在高效区，如图1-79所示。

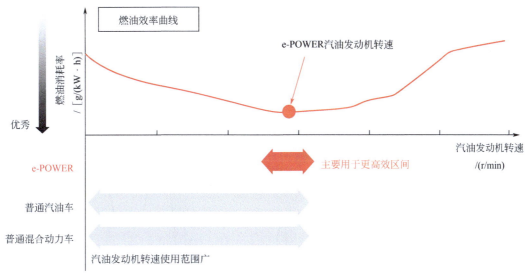

图1-79　e-POWER的燃油经济性

e-POWER的发动机与普通汽油车和普通混合动力车的发动机相比，其常用的工作区间小很多，系统设计时主要将其工作在经济性较好的固定区间，这样其优化起来较普通汽油车和普通混合动力车的发动机也容易得多。同样也很容易采取措施来提高其全范围的燃油经济性，例如更高的压缩比，米勒循环和冷却EGR的使用。

e-POWER这种串联式的混动系统，因为可以利用汽油机发电，所以理论上比纯电车型续驶里程更长，比传统汽油机车型和一般混动车型静谧性更好，再加上闪充闪放的功能，车辆的动力表现也更加强劲，可以说是目前比较优质的新型混动技术。目前"新四化"已成为业界共识，而电动汽车动力总成主要属于电动化的范畴，各种各样的新技术也层出不穷，向e-POWER这种另辟蹊径的技术越多越有助于新能源领域的发展。

第八节 标准循环工况

目前国际上汽车标准测试循环工况主要有NEDC、WLTP、FTP-75等。

一、NEDC循环工况

NEDC全名称为"New European Driving Cycle",翻译成中文就是"新欧洲驾驶周期",也可以称它为"新标欧洲循环测试"。NEDC是欧洲的续航测试标准,在我国,工信部在对纯电动汽车的综合里程进行测试的时候,采用的就是NEDC测试标准。NEDC循环工况中,包含4个市区循环和1个郊区循环(模拟),其中市区循环的车速较低,郊区循环的车速则较高一些。

NEDC循环工况由4个市区循环和1个市郊循环组成,理论试验距离为11.022km,试验时间为1180s,如图1-80所示。图1-80中:①0~780s代表市区循环;② 780~1180s代表市郊循环;③代表基本的市区循环。

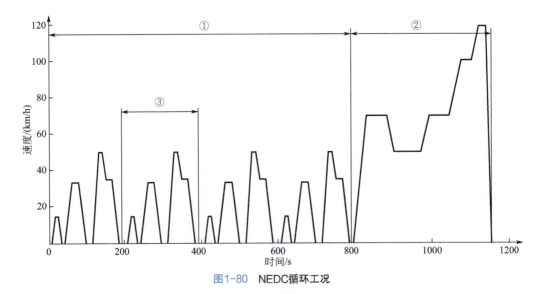

图1-80 NEDC循环工况

NEDC具体的测试方式就是将车辆放在台架上进行测试,和轮胎接触的滚筒用来模拟不同工况下的阻力,车头放一台鼓风机来模拟空气阻力,如图1-81所示。需要注意的是,NEDC在测试过程中相关的负载都会关闭,包括空调、大灯、座椅加热等。而且在市区工况时速不超过50km/h,平均时速只有18.5km/h;在郊区工况模拟的是交通畅通时的状态,平均时速为62km/h。

NEDC测试更加偏于理想化,而对于电动汽车来说,这就意味着所测试的续驶里程更高,而实际续驶里程相对更低。

图1-81 NEDC的测试

二、WLTP循环工况

WLTP的全称为World Light Vehicle Test Procedure，即全球统一轻型汽车测试规程，由WLTC（Worldwide Harmonized Light Vehicles Test Cycle）循环（工况曲线）和测试规程两大部分组成，是由联合国世界车辆法规协调论坛（WP29）下设的污染与能源工作组（GRPE）研究制定的全球轻型车排放测试法规，2014年被WP29采纳，而中国也是签约国之一。

相比NEDC，WLTP更加严格，因为该种测试方式分为低速、中速、高速和超高速共4个部分。另外，也将车辆的滚动阻力、挡位和车重作为可变因素纳入测试范围，所以WLTP工况所测试的续驶里程更加贴近实际。

WLTP工况属于瞬态循环，持续时间1800s（比NEDC多了620s），行驶距离23.25km（长了一倍多），最高车速为131km/h，如图1-82所示。

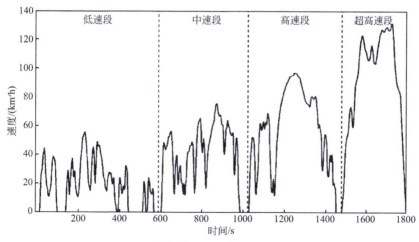

图1-82 WLTP循环工况

与NEDC相比，WLTP循环测试时间延长约10min，测试工况、温度等与实际驾驶情况更为接近，能更好地反映车辆的真实油耗。

三、FTP-75循环工况

FTP-75循环工况被称为目前最合理的循环工况测试规则。本着测试最真实数据的原则，美国FTP-75工况设计了很多接近现实的试验内容。FTP-75由一个市区循环工况和两个补充循环工况组成。两个补充循环工况分别为SC03高温空调全负荷运转循环和US06高速、高加速度循环。最终试验结果由这三个试验结果通过不同的比例计算而成，因此这样的数据更接近实际使用。

FTP-75工况整个运转循环分为三个部分：第一部分为冷启动阶段，耗时505s；第二部分为瞬态阶段，耗时864s；随后熄火浸车9～11min，再进行第三部分热启动阶段测试，耗时505s。全程时长约为2474s。汽车在长达40min里不断地加速和刹车，很好地模拟了现实拥堵市区交通中走走停停的情况。

FTP-75循环工况如图1-83所示。

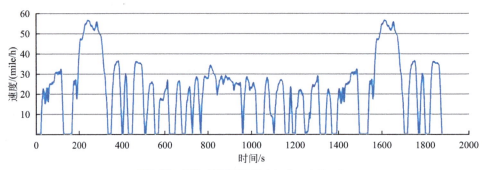

图1-83　FTP-75循环工况（1mile＝1.6km）

目前我国正在制定中国工况CATC（China Automotive Testing Cycle），中文为"中国汽车循环测试"，是根据中国实际情况制定的道路测试标准。

第二章

混合动力汽车的典型部件

混合动力汽车的典型部件包括发动机、发电启动一体化（BSG）电机、驱动电机及控制器、动力耦合系统及变速器、动力电池及管理系统、电源变换器等。

第一节 发动机

发动机可以分为奥托循环发动机、米勒循环发动机和阿特金森循环发动机，其中奥托循环发动机主要用于常规燃油汽车；米勒循环发动机既可以用于常规燃油汽车，也可以用于混合动力汽车；阿特金森循环发动机主要用于混合动力汽车。

一、奥托循环发动机

奥托循环又称四冲程循环，标准四冲程发动机被称为奥托循环发动机。常规燃油汽车使用的发动机都属于奥托循环发动机。

把曲轴转两圈（720°），活塞在气缸内上下往复运动四个行程，即进气行程、压缩行程、做功行程和排气行程，完成一个工作循环的汽油机称为四冲程汽油机，如图2-1所示。

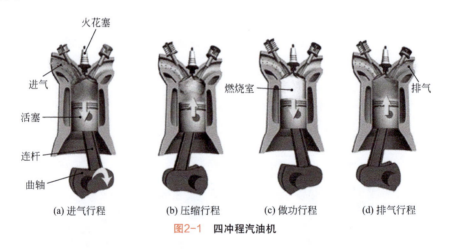

图2-1 四冲程汽油机

1. 进气行程

活塞在曲轴的带动下从气缸内上止点移动到下止点，此时进气门打开，排气门关闭，曲轴转动180°；在活塞移动过程中，气缸容积逐渐增大，气缸内气体压力逐渐降低，并形成一定的真空度，新鲜的空气和汽油混合气通过进气门被吸入气缸，并在气缸内进一步混合形成可燃混合气。

2. 压缩行程

进气行程结束后，曲轴继续带动活塞由下止点移至上止点，此时，进、排气门同时关闭，曲轴转动180°；活塞上移时，气缸工作容积逐渐缩小，气缸内的混合气体被压缩至气缸顶部，其压力和温度同时升高，为做功行程做准备。

3. 做功行程

压缩行程结束时，安装在气缸盖上的火花塞产生电火花，将气缸内的可燃混合气点燃，火焰迅速传遍整个燃烧室，同时放出大量的热能；燃烧气体的体积急剧膨胀，压力和温度迅速升高。在气体压力的作用下，活塞由上止点移至下止点，并通过连杆推动曲轴旋转做功。在做功行程，进气门、排气门均关闭，曲轴转动180°。

4. 排气行程

做功行程结束后，排气行程开始，排气门开启，进气门仍然关闭，曲轴通过连杆带动活塞由下止点移至上止点，曲轴转动180°，此时膨胀过后的燃烧气体（或称废气）在其自身剩余压力和在活塞的推动下，经排气门排出气缸之外；当活塞到达上止点时，排气行程结束，排气门关闭。

汽油机经过进气、压缩、做功、排气4个行程，完成一个工作循环。连续不断的工作循环，维持汽油机的连续运转，不断向外输出动力。

奥托循环发动机要兼顾汽车的动力性和燃油经济性，在节能方面具有以下缺陷。

① 具有怠速工况。
② 采用奥托循环，部分负荷燃油消耗率高。
③ 发动机通过加浓混合气来满足提高输出功率的需求，但浓混合气在发动机内并不能完全被利用，部分以HC的形式排放到大气中，或在三元催化转化器中被氧化，降低了燃油利用率。
④ 为满足汽车动力性要求，发动机后备功率大，导致日常行驶时经常工作在低负荷非经济区。

二、米勒循环发动机

在介绍米勒循环发动机和阿特金森循环发动机之前，先介绍两个基本概念，即压缩比和膨胀比。

压缩比是指活塞在下止点时气缸的容积与活塞在上止点时气缸的容积之间的比值；膨胀比是指发动机做功行程结束时气缸的容积与做功行程开始时气缸的容积之比，如图2-2所示。

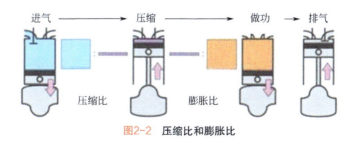

图2-2　压缩比和膨胀比

简单来说，压缩比可理解为混合燃料气体从初始状态到被点燃压缩的程度；膨胀比可理解为混合燃料气体在被点燃后膨胀的程度。高压缩比使混合燃料气体中燃料分子与氧气分子距离更近，燃烧更充分，可以提高发动机效率；高膨胀比可以加长做功行程，有效利用燃烧后废弃残存的高压，因此也可以提高发动机效率。

米勒循环发动机就是一种以奥托循环为基础的机械增压四冲程发动机。

米勒循环在进气行程时会将活塞运动到下止点，但进气门保持开放同时活塞进行压缩，直到曲轴通过活塞的下止点后70°，进气门才关闭。简单地说就是在压缩行程中，先延迟进气门关闭的时间，活塞在气缸里上升约2/5容积时，才完全封闭进气门。所以有部分在气缸内的气体会重新进入进气歧管，并在机械增压的作用下保持气压，故下一次的进气行程中可提高进气效率且减少泵压损失。可是这样也造成实际上的压缩空气没有比进气时的多，而降低压缩比。奥托循环发动机的压缩比等于膨胀比，但米勒循环发动机的膨胀比大于压缩比，延长了做功行程，使得燃烧发出的能量能够得到更加充分的利用，这样就达到了更高的燃烧效率和更低的燃油消耗，如图2-3所示。

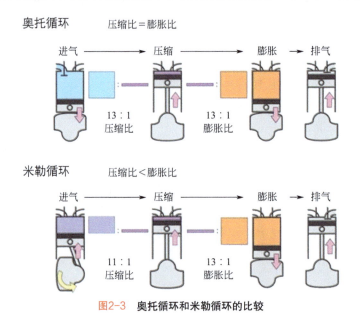

图2-3 奥托循环和米勒循环的比较

如图2-4所示为使用了机械增压的马自达2.3S米勒循环发动机。

大众的EA211 TSI evo型发动机、EA888 TSI型发动机都使用米勒循环。

然而在点火冲程中，活塞仍旧由上止点移动至下止点，造成膨胀比大于压缩比的

图2-4 马自达2.3S米勒循环发动机

特殊状况。压缩比较小所以油耗低，膨胀比大所以动力大，另外也为了避免过高的压缩比引起发动机的爆震（提前点火）。

三、阿特金森循环发动机

阿特金森循环发动机工作过程比奥托循环发动机多一个回流行程，即包括进气、回流、压缩、做功、排气五个行程。阿特金森循环发动机在进气行程结束活塞运动到下止点时，进气门是不关闭的，直到活塞往上运动到某个位置之后进气门才关闭。因此，阿特金森循环发动机是利用进气门晚关而不是节气门开度来控制负荷。进气门晚关时刻由气缸内的充气量决定，也就是由负荷确定气门的关闭时刻。气门关闭时刻才是压缩行程的实际开始点，而做功行程与奥托循环相似或稍长，这就减少了进气行程的泵气损失和压缩行程的压缩功。膨胀比较压缩比大能更大限度地将热能转换为机械能，提高发动机的热效率，降低燃油消耗。此外，进气门晚关使实际压缩比降低，因此缸内燃烧温度降低，有利于改善NO_x排放。

奥托循环发动机的压缩比等于膨胀比，但阿特金森循环发动机的膨胀比大于压缩比，延长了做功行程，使得燃烧发出的能量能够得到更加充分的利用，这样就达到了更高的燃烧效率和更低的燃油消耗。

阿特金森循环发动机的优点是燃油效率高，但缺点是低速时效率低、转矩小。而混合动力汽车可以弥补阿特金森循环发动机的缺点。在低速、小负荷工况下可以使用"动力蓄电池组+驱动电机"的纯电动驱动模式，既发挥了低速大转矩的优点，又避开了阿特金森循环发动机低速、小负荷下的缺点，使发动机主要工作在中高速下，充分发挥阿特金森循环发动机热效率高的优点，提高整车燃油经济性和排放性能。在大部分负荷范围内，由于没有节气门作用，不存在额外的泵气损失，为提高燃油的做功能力，阿特金森循环发动机采用了较大的膨胀比。在需要提供较大输出功率时，混合动力汽车通过驱动电机和动力蓄电池组输出能量，辅助汽油机提供动力，避免了传统汽油机使用过浓混合气提高输出功率的缺陷。因此，阿特金森循环发动机是混合动力汽车的理想发动机。

如图2-5所示为丰田卡罗拉混合动力汽车使用的1.8L阿特金森发动机。

图2-5　丰田卡罗拉混合动力汽车使用的1.8L阿特金森发动机

如图2-6所示为基于阿特金森发动机的插电式混合动力电动汽车。

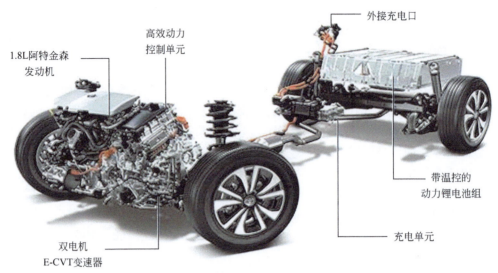

图2-6 基于阿特金森发动机的插电式混合动力电动汽车

第二节
发电启动一体化电机

发电启动一体化电机（Belt-Driven Starter Generator，BSG）是通过皮带与发电机连接的双功能电机，如图2-7所示。BSG是混合动力汽车非常重要的配置，因为没有BSG就基本没有行车发电功能。

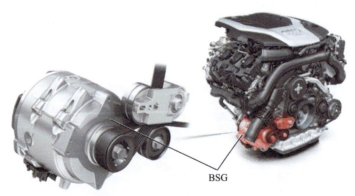

图2-7 BSG

BSG有低压电机和高压电机，两者的功能是完全不同的。

48V BSG属于低压电机，进口品牌中的奔驰S320L、奥迪A8L、路虎揽胜等，自主品牌中吉利旗下的嘉际、博瑞等车型均配备了48V BSG轻混系统。如图2-8所示为某48V BSG轻混系统，整个系统由集成在发动机前端轮系上的BSG、DC/DC变换器、低电压电池、高电压电池等组成。

图2-8 48V BSG轻混系统

48V BSG轻混系统具有以下优势。

（1）48V BSG轻混系统能够使得车辆有更好的燃油经济性　48V BSG轻混系统能使车辆实现滑行启停、回收制动能量，当驾驶员松开油门和制动踏板使车辆处于滑行过程中时，控制系统会断开传动链、切断发动机工作，从而达到节油减排的目的。而在驾驶员重新踩下油门踏板时则会迅速结合传动链，并通过BSG快速启动发动机且实现与变速器的转速同步，满足驾驶员加速需求。另外一种工况则是当车辆处于制动或滑行过程中，可实现能量回收和制动能量回收，从而转换成电能储存在锂离子电池中，用于车载用电系统。由于采用了48V电气架构，以往需要皮带或者齿轮驱动的发动机附件比如水泵、机油泵、空调压缩机等，都可以采用电机来直接驱动，在很大程度上减小了发动机的负担，让发动机输出的机械能能够全部用于车辆的加速，从而达到省油环保的目的。

（2）能获得更加顺畅的驾驶体验　在发动机加速过程中BSG能提供一定的辅助加速能力，也就是可以让燃油发动机加速更快，特别是在低速起步时，由于电机效率比发动机更高，所以可以辅助为发动机在低速时的起步加速提供额外的转矩。

48V BSG功率小，发电能力弱，发电功率小，无法满足驱动要求，只有驱动电机和48V电机的时候是无法形成串联模式的。

BSG高压电机动力系统结构示意如图2-9所示。BSG就是将传统的发电机和起动机

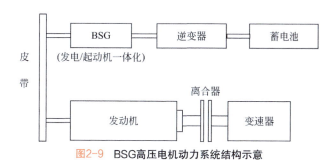

图2-9　BSG高压电机动力系统结构示意

进行了一体化设计，发动机和BSG之间依靠皮带传动。当发动机正常工作时，发动机通过皮带带动BSG进行发电，给蓄电池充电，此时BSG充当传统发电机的角色。当自动启/停系统开始工作，发动机停止运行。当发动机重新启动时就需要BSG的帮助，BSG通过皮带带动发动机重新启动，此时BSG充当传统起动机的角色。

比亚迪DM3中的BSG，峰值功率为25kW，工作电压为360~518V，发电效率高达94%，保证了蓄电池的电量充足。比亚迪的BSG也属于P0结构，都具备启动模式、原地发电、能量回收、行车助力的功能。比亚迪DM3具有BSG高压电机，可以实现混合动力汽车的串联模式。混合动力汽车在串联模式下，发动机带动BSG进行发电，BSG发出来的电又可以供驱动电机驱动；此外，BSG还可以根据行驶工况进行智能发电，可以使整车驱动效率更高，延长续驶里程，有效降低馈电情况的发生。

BSG高压电机对发动机转速的调节，能带来更好的经济性和平顺性。BSG通过调节发动机转速可以让发动机长期处于高效转速区间，最大限度挖掘发动机潜力，让发动机从介入开始就能跳过低转速的高油耗区间，直接进入高效区，从而带动经济性的提升。另外，在升降挡过程中BSG可以使发动机转速与车速、挡位快速匹配，减少离合器滑磨，使得换挡更平顺、更迅速，乘驾体验更顺滑，这也间接提升了变速器的寿命，同时使得其故障率大大降低。

综上所述，48V技术的主要目的是降低油耗；DM3技术的BSG高压电机，可以实现串联模式，动力系统架构进一步完善，使车辆驾驶体验得到了极大的提升。

第三节 驱动电机及控制器

混合动力汽车的驱动电机主要有感应异步电机和永磁同步电机。

一、感应异步电机

感应异步电机也称交流感应电机，它是指定子及转子为独立绕组，双方通过电磁感应来传递力矩，其转子以低于/高于气隙旋转磁场转速旋转的交流电机。

1. 感应异步电机的结构

感应异步电机一般由定子（静止不动的部分）、转子（旋转产生动能的部分）、机座（连接定子和转子的壳体）和散热部件等构成，如图2-10所示。转子由导电性好的金属材质制成，如铝、铜等材质，且转子大多采用鼠笼式结构，工作时也是通过给定子通电，此时与转子感应电流相互作用产生电磁转矩，从而使转子转动。"异步"之意就是在运行时，转子的转速总是小于旋转磁场的速度，故称为异步。

2. 感应异步电机的工作原理

如图2-11所示为感应异步电机的工作原理。当感应异步电机的三相定子绕组通入三相交流电后，将产生一个旋转磁场，该旋转磁场切割转子绕组，从而在转子绕组中产生

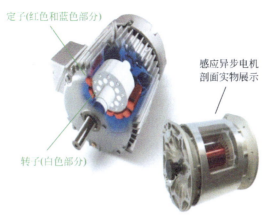

图2-10 感应异步电机结构示意

感应电动势，电动势的方向由右手定则来确定。由于转子绕组是闭合通路，转子中便有电流产生，电流方向与电动势方向相同，而载流的转子导体在定子旋转磁场作用下将产生电磁力，电磁力的方向可用左手定则确定。由电磁力进而产生电磁转矩，驱动电机旋转，并且电机旋转方向与旋转磁场方向相同。

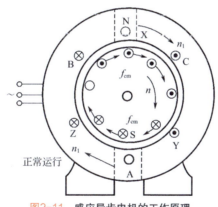

图2-11 感应异步电机的工作原理

感应异步电机的转子转速不等于定子旋转磁场的同步转速，这是感应异步电机的主要特点。

如果电机转子轴上带有机械负载，则负载被电磁转矩拖动而旋转。当负载发生变化时，转子转速也随之发生变化，使转子导体中的电动势、电流和电磁转矩发生相应变化，以适应负载需要。因此，感应异步电机的转速是随负载变化而变化的。

感应异步电机的转子转速与定子旋转磁场的同步转速之间存在转速差，它的大小决定着转子电动势及其频率的大小，直接影响感应异步电机的工作状态。通常将转速差与同步转速的比值用转差率表示。在额度负载条件下运行时，一般额定转差率为0.01～0.06。

3. 感应异步电机的控制

感应异步电机是一个多输入输出系统，其中变量电压、电流、频率、磁通、转速之间又相互影响，所以又是强耦合的多变量系统。对感应异步电机的控制主要有转差控制、矢量控制以及直接转矩控制等。

（1）转差控制　转差控制是根据感应异步电机电磁转矩和转差频率的关系来直接控制电机转矩的，可以在一定的转差频率范围内、一定程度上通过调节转差来控制电机的电磁转矩，从而改善调速系统的控制性能，但其控制理论是建立在异步电机的稳态数学模型基础上的，它适合电机转速变化缓慢或者对动态性能要求不高的场合。

（2）矢量控制　矢量控制理论采用矢量分析的方法来分析感应异步电机内部的电磁过程，是建立在异步电机的动态数学模型基础上的控制方法。它将感应异步电机的定子电流解耦成互相独立的产生磁链的分量和产生转矩的分量，分别控制这两个分量就可以实现对感应异步电机的磁链控制和转矩控制的完全解耦，从而达到理想的动态性能。

（3）直接转矩控制　直接转矩控制是将电机输出转矩作为直接控制对象，通过控制定子磁场向量控制电机转速。它不需要复杂的坐标变换，也不需要依赖转子数学模型，只是通过控制PWM型逆变器的导通和切换方式，控制电机的瞬时输入电压，改变磁链的旋转速度来控制瞬时转矩，使系统性能对转子参数呈现鲁棒性，并且这种方法被推广到弱磁调速范围。逆变器的PWM采用电压空间向量控制方式，性能优越。但同时不可避免地产生转矩脉动，调速性能降低的问题。此外，该方法对逆变器开关频率提高的限制较大，定子电阻对电机低速性能也有较大影响，如在低速区，定子电阻的变化引起的定子电流和磁链的畸变，以及转矩脉动、死区效应和开关频率等问题。

除此之外，PID控制、自适应控制、模糊控制等古典控制、现代控制和智能控制理论也可以应用于异步电机的控制。

二、永磁同步电机

永磁同步电机是指转子采用永磁材料励磁的同步电机，是国内电动汽车应用的主流。

1. 永磁同步电机的结构

永磁同步电机和交流感应电机在基本结构及外观上大致相同，都由定子、转子、电机外壳等部件组成。只不过转子在结构、用料和工作原理上存在差异。

永磁同步电机属于交流电机的一种，其转子由带有永久磁场的钢制成，电机工作时给定子通电，产生旋转磁场推动转子转动，而"同步"的意思是在稳态运行时，转子的旋转速度与磁场的旋转速度同步。

如图2-12所示为永磁同步电机结构示意。

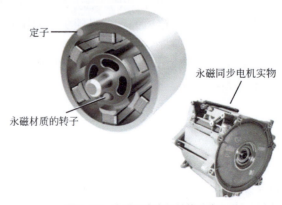

图2-12　永磁同步电机结构示意

永磁同步电机和感应异步电机都是交流电机；永磁同步电机的转子自带磁场，而感应异步电机的转子只是导体，并不带磁场，是通电之后产生了感应磁场才能与定子产生作用。

永磁同步电机功率密度高，低速、高速工况均处于较高的能量转换效率。所以，相对于高速工况才有较高效率的感应异步电机来说，永磁同步电机更适合低速工况较多、频繁起步停车的城市道路。

永磁同步电机具有高转矩密度、高功率密度、高效率、高可靠性等优点。我国具有世界最为丰富的稀土资源，因此高性能永磁同步电机是我国车用驱动电机的重要发展方向。

2. 永磁同步电机的工作原理

永磁同步电机的工作原理如图2-13所示，其中n为电机转速，n_0为同步转速，T为转矩，θ为功率角。电机的转子是一个永磁体，N、S极沿圆周方向交替排列，定子可以看成是一个以转速n_0旋转的磁场。电机运行时，定子存在旋转磁动势，转子像磁针在旋转磁场中旋转一样，随着定子的旋转磁场同步旋转。

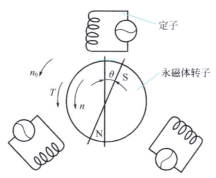

图2-13　永磁同步电机的工作原理

永磁同步电机的定子是三相对称绕组，三相正弦波电压在定子三相绕组中产生对称三相正弦波电流，并在气隙中产生旋转磁场。旋转磁场与已充磁的磁极作用，转子磁场轴线将落后定子磁场轴线一个功率角，负载越大，功率角也越大，直到一个极限角度，电机停止。由此可见，永磁同步电机在运行中，转速必须与频率严格成比例旋转，否则会失步停转。所以，它的转速与旋转磁场同步，其静态误差为零。在负载扰动下，只是功率角变化，而不引起转速变化，它的响应时间是实时的。

3. 永磁同步电机的控制

为了提高永磁同步电机控制系统的性能，使其具有更快的响应速度、更高的转速精度、更宽的调速范围，采用各种新型控制策略用于永磁同步电机控制。永磁同步电机控制主要有矢量控制、直接转矩控制、智能控制等。

（1）矢量控制　永磁同步电机矢量控制策略与感应异步电机矢量控制策略有些不同。由于永磁同步电机转速和电源频率严格同步，其转子转速等于旋转磁场转速，转差恒等于零，没有转差功率，控制效果受转子参数影响小。因此，在永磁同步电机上更容易实现矢量控制。

（2）直接转矩控制　直接转矩控制不需要矢量控制复杂的旋转坐标变换和转子

磁链定向，转矩取代电流成为受控对象，电压矢量则是控制系统唯一的输入，直接控制转矩和磁链的增加或减小，但是转矩和磁链并不解耦，对电机模型进行简化处理，没有PWM信号发生器，控制结构简单，受电机参数变化影响小，能够获得极佳的动态性能。

（3）智能控制　为了提高永磁同步电机的控制性能和控制精度，模糊控制、神经网络控制等开始应用于同步电机的控制。采用智能控制方法的永磁同步电机控制系统，在多环控制结构中，智能控制器处于最外环充当速度控制器，而内环电流控制、转矩控制仍采用PI控制、直接转矩控制这些方法，这主要是因为外环是决定系统的根本因素，而内环主要的作用是改造对象特性以利于外环的控制，各种扰动给内环带来的误差可以由外环控制或抑制。

在永磁同步电机系统中应用智能控制时，也不能完全摒弃传统的控制方法，必须将两者很好地结合起来，才能彼此取长补短，使系统的性能达到最优。

三、电机控制器

电机控制器是控制动力电源与电机之间能量传输的装置，由控制信号接口电路、电机控制电路和驱动电路组成。

1. 电机控制器的功能

电机控制器作为电动汽车中连接动力蓄电池与驱动电机的电能转换单元，是电机驱动及控制系统的核心。它从整车控制器获得整车的需求，从动力蓄电池获得电能，经过自身逆变器的调制，获得控制电机需要的电流和电压，提供给电机，使得电机的转速和转矩满足整车的加速、减速、制动、停车等要求。

电机控制器具有以下功能。

① 把直流电变成交流电。
② 控制电机正反向驱动、正反转发电。
③ 控制电机的动力输出，同时对电机进行保护。
④ 通过CAN总线与其他控制模块通信，接收并发送相关的信号，间接控制车上相关系统的整车运行。
⑤ 制动能量加馈控制。
⑥ 自身内部故障的检测和处理。
⑦ 采集P挡、R挡、N挡和D挡的挡位信号。
⑧ 采集制动传感器信号。

如图2-14所示为电机控制器的外形。从外部看，一般的电机控制器最少具备两对高压接口和一个低压接头。高压输入接口用于连接动力电池包；高压输出接口连接电机，提供控制电源。所有通信、传感器、低压电源等都要通过低压接头引出，连接到整车控制器和动力电池管理系统。

2. 电机控制器的组成

电机控制器主要由电子控制模块、驱动模块、功率变换模块和各种传感器组成。

（1）电子控制模块　电子控制模块包括硬件电路和相应的控制软件。硬件电路主要包括微处理器及其最小系统，对电机电流、电压、转速、温度等状态的监测电路，各

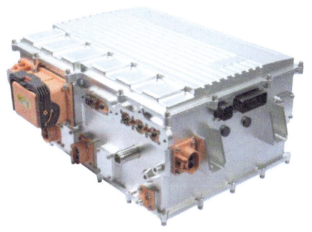

图2-14 电机控制器的外形

种硬件保护电路,以及与整车控制器、电池管理系统等外部控制单元数据交互的通信电路。控制软件根据不同类型电机的特点实现相应的控制算法。

(2)驱动模块 驱动模块将微处理器对电机的控制信号转换为驱动功率变换器的驱动信号,并实现功率信号和控制信号的隔离。

(3)功率变换模块 功率变换模块对电机电流进行控制。电动汽车经常使用的功率器件有大功率晶体管、门极可关断晶闸管、功率场效应管、绝缘栅双极型晶体管(IGBT)以及智能功率模块等。

(4)传感器 传感器主要包括电流传感器、电压传感器、温度传感器。电流传感器用于检测供给电机工作的实际电流(包括母线直流电流、三相交流电流);电压传感器用于检测供给电机控制器工作的实际电压(包括高压电池电压、蓄电池电压);温度传感器用于检测电机控制系统的工作温度(包括模块温度、电机控制器温度)。

3. 电机控制器的工作原理

电机控制器的工作原理如图2-15所示。G1、G3、G5导通时通过正向电流;

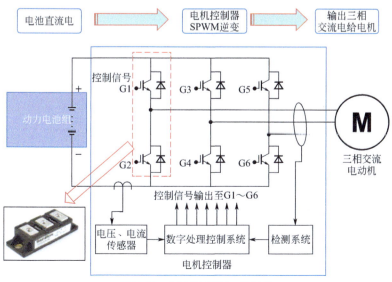

图2-15 电机控制器的工作原理

G2、G4、G6导通时通过负向电流,电流方向改变的即为交流电。三相交流电机在给它固定频率的电源时,电机就按照该频率以固定的转速旋转;改变频率即可改变电机的旋转速度。

4. 电机控制方式

电机控制方式主要有电压控制方式、电流控制方式、频率控制方式、弱磁控制、矢量控制、直接转矩控制。

（1）电压控制方式　电压控制方式是通过改变电机端电压而实现转速控制的控制方式。

（2）电流控制方式　电流控制方式是通过改变电机绕组电流而实现转速控制的控制方式。

（3）频率控制方式　频率控制方式是通过改变电机的电源频率而实现转速控制的控制方式。

（4）弱磁控制　弱磁控制是通过减弱气隙磁场控制电机转速的控制方式。

（5）矢量控制　矢量控制是将交流电机的定子电流作为矢量,经坐标变换分解成与直流电机的励磁电流和电枢电流相对应的独立控制电流分量,以实现电机转速/转矩控制的方式。

（6）直接转矩控制　直接转矩控制是用空间矢量的分析方法,直接在定子坐标系下计算并控制交流电机的转矩,采用定子磁场定向,借助离散的两点式调节产生PWM信号,直接对逆变器的开关状态进行控制,以获得转矩的高动态性能的控制方式。

随着电动汽车和控制技术的发展,现代控制和智能控制在电机控制中的应用已成为趋势。

电机控制向数字化方向发展,专用芯片及数字信号处理器的出现,促进了电机控制器的数字化,提高了电机系统的控制精度,有效减小了系统体积。

第四节　电驱动系统

电驱动系统是指将电机、电控和减速器等集成为一体,三合一电驱动系统目前已成为纯电动汽车和混合动力汽车电驱动系统的主流。

一、博世（BOSCH）的电驱动系统

德国博世公司的电驱动系统的产品系列按照设计可实现输出功率为50～300kW、转矩为1000～6000N·m不同的变形产品,用以覆盖纯电动汽车和混合动力汽车对电驱动系统的不同需求;可以安装在小型乘用车、越野车甚至轻型商用车上。

如图2-16所示为博世的三合一电驱动系统,它由永磁同步电机、电机控制器和二级减速器集成在一起。其输出功率为150kW,输出转矩为3800N·m,质量为90kg;功率密度为1.67kW/kg,可用于总质量在7.5t以内的车型。

图2-16 博世的三合一电驱动系统

三合一电驱动系统将原来独立的电机、电机控制器和减速器集成到一个外壳当中，使得整个电驱动系统成本更低、体积更小、效率更高。生产成本降低的同时，其体积降低超过20%。

博世的三合一电驱动系统可安装于纯电动汽车、混合动力汽车，包括前驱或后驱的轿车、SUV，甚至是轻型商用车上。

博世的电驱动系统具有以下特点。

① 高度集成化。博世公司充分利用其完整的产品线，进行高度整合后将电机、电机控制器和减速器合三为一，体积上的大幅减少更能支持新能源车型紧凑的动力布局。

② 简化冷却管路和功率驱动线缆。高度集成的另一个好处就是电机和控制器的冷却管路整合而简化了管线布置。模块内部集成大功率交流驱动母线进一步降低了线缆成本。

③ 平台化设计灵活，适配不同车型。它可以适应多种类型的车辆，可以安装在纯电动汽车和混合动力汽车的前后车轴上。

二、吉凯恩（GKN）的电驱动系统

英国的吉凯恩公司将电机、电机控制器和减速器置于同一个封装空间，如图2-17所示。

图2-17 吉凯恩的三合一电驱动系统

吉凯恩的三合一电驱动系统采用轻量化设计，传动部件实现了12.5的传动比，该设计可适应更高的电机转速。该系统可提供高达2000N·m的转矩和70kW的功率，足以使车辆在纯电动模式下达到125km/h的最高速度。此外，在全轮驱动模式下，纯电动模式比传统机械系统的提速能力强很多。整套装置的质量只有20.2kg，且体积较小，长、宽、高分别为457mm、229mm、259mm，便于在有限空间内安装。

该装置采用了机电驱动离合器，在不需要纯电动或混合动力驱动时，可以通过一个集成的切断装置将电机从传动系统中断开。还对齿轮和轴承布置进行了优化，实现更高的效率、更好的NVH性能和耐久性。

如图2-18所示是吉凯恩的双速三合一电驱动系统，两挡，两级减速，电机功率为120kW，最大输出转矩为3500N·m，每个后轮转矩可达2000N·m。

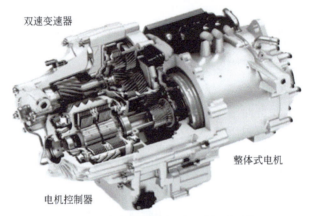

图2-18　吉凯恩的双速三合一电驱动系统

吉凯恩电驱动系统可安装于纯电动汽车和混合动力汽车上。

三、采埃孚（ZF）的电驱动系统

德国采埃孚的三合一电驱动系统如图2-19所示，它把电机、电机控制器及减速器集成为一体，适合于前驱或后驱。电机采用感应异步电机，峰值功率为90kW，峰值转矩为1700N·m，最高转速为21000r/min。

图2-19　德国采埃孚的三合一电驱动系统

四、麦格纳（Magna）的电驱动系统

如图2-20所示为加拿大麦格纳的高集成电驱动系统（低），主要用于纯电动汽车和混合动力汽车，其峰值功率为76kW，最高转速为13500r/min，最大输出转矩为1600N·m，逆变器参数分别为360V、350A。

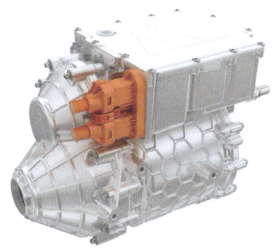

图2-20 加拿大麦格纳的高集成电驱动系统（低）

如图2-21所示为麦格纳的高集成电驱动系统（中），主要用于纯电动汽车和混合动力汽车，其峰值功率为140kW，最高转速为18000r/min，最大输出转矩为3800N·m，逆变器参数分别为450V、500A。

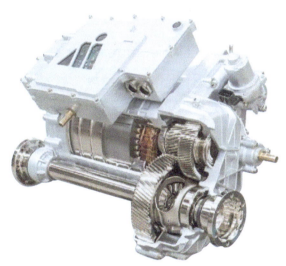

图2-21 麦格纳的高集成电驱动系统（中）

如图2-22所示为麦格纳的高集成电驱动系统（高），主要用于纯电动汽车和混合动力汽车，其峰值功率为253kW，最高转速为16500r/min，最大输出转矩为5300N·m，逆变器参数分别为460V、960A。

如图2-23所示为麦格纳的1eDT200单挡减速器，最大输出转矩为2500N·m，最大输入转矩为200N·m，质量（不带油液）为20kg，长、宽、高分别为230mm、

图2-22 麦格纳的高集成电驱动系统（高）

455mm、318mm，输入轴和输出轴中心距为157.5mm，减速比为8.61或9.89（二选一），适用电机功率为15～90kW，适用电压为48～400V。

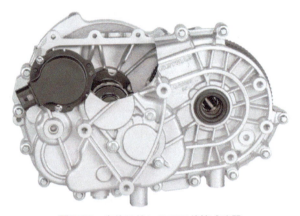

图2-23 麦格纳的1eDT200单挡减速器

如图2-24所示为麦格纳的2eDT200两挡变速器，最大输出转矩为2500N·m，最大输入转矩为200N·m，质量（不带油液）为26kg，长、宽、高分别为245mm、462mm、300mm，输入轴和输出轴中心距为188mm，减速比分别为12.06和8.61，适用电机功率为55～90kW，适用电压为300～400V，电机换挡。

图2-24 麦格纳的2eDT200两挡变速器

第五节 动力耦合系统及变速器

混合动力汽车是发动机与电机两种动力混合驱动的车辆，这种混合是通过动力耦合系统的耦合作用实现的。动力耦合系统是并联型与混联型混合动力汽车的关键系统，其作用是根据混合动力汽车运行工况的需求，有效地耦合和分配车载的多个动力源。动力耦合系统的性能直接影响着混合动力汽车的动力性、经济性和排放性，已成为衡量混合动力汽车性能优劣的重要指标。如何高效简洁地耦合、分配各个动力源已成为当前动力耦合系统研究的主要问题。

混合动力汽车上动力耦合系统具有以下功能。

① 动力合成功能。为了满足混合动力汽车动力性能和燃油经济性能的要求，动力耦合系统必须能有效合成多个动力源输出。由于各个动力源的输出特性不同，在动力合成过程中，各个动力源不能形成相互干涉，都可以对外输出动力。

② 动力分解功能。混合动力汽车可以在行驶中自行对蓄电池充电，因此当蓄电池有充电需求时，必须对发动机的动力进行分解，一部分动力驱动车辆，另一部分动力输入发电机发电。

③ 制动能量回收功能。为了尽可能提高混合动力汽车的节能效果，提高车辆整体的燃油经济性，混合动力汽车需要回收制动时车辆的动能，制动能量回收的方式目前主要有发电回收和液压储能回收两种。

④ 控制发动机的负载和转速，让发动机工作在经济区域，实现较高的燃油经济性能。

一、动力耦合方式

动力耦合主要有转矩耦合、转速耦合和功率耦合三大类。

1. 转矩耦合

转矩耦合是指输出动力在耦合过程中，两个动力源的输出转矩相互独立，而输出转速必须互成比例，耦合器的输出转矩是两个动力源输出转矩的耦合叠加。

典型的转矩耦合有机械式耦合与电磁式耦合。

（1）机械式耦合　机械式耦合方式是通过啮合齿轮（组）将多个输入动力合成在一起输出。这种耦合方式结构简单，可以实现单输入和多输入等多种驱动形式，耦合效率较高，控制相对简单；但由于齿轮是刚性啮合的，在动力切换、耦合过程中易产生冲击。机械式耦合是并联混合动力汽车普遍采用的一种耦合方式。

机械式耦合混合动力汽车系统结构如图2-25所示。

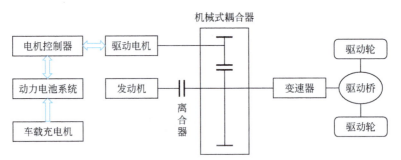

图2-25 机械式耦合混合动力汽车系统结构

⇨ 电气连接；—— 机械连接

机械式耦合器输入转矩分别为发动机的输出转矩和电机的输出转矩。机械式耦合器的输出转矩的关系为

$$T_3=\eta_0(T_1+i_kT_2) \qquad (2\text{-}1)$$

式中，T_1为发动机的输出转矩；T_2为电机的输出转矩；T_3为机械式耦合器的输出转矩；η_0为机械式耦合器的效率；i_k为机械式耦合器传动比。

机械式耦合器输出转速为

$$n_3=n_1=\frac{n_2}{i_k} \qquad (2\text{-}2)$$

式中，n_1为发动机的输出转速；n_2为电机的输出转速；n_3为机械式耦合器的输出转速。

（2）电磁式耦合　电磁式耦合是将电机的转子与发动机输出轴做成一体，通过磁场作用力将电机输出动力和发动机输出动力耦合在一起。这种耦合方式效率高，结构紧凑，耦合冲击小，能量回馈方便；但混合度低，电机一般只能起辅助驱动的作用。由于电机转子具有一定的惯性，所以多用于轻度混合动力汽车上，是目前采用较多的动力耦合方式，如本田Insight混合动力汽车采用的就是电磁式耦合。

电磁式耦合混合动力汽车系统结构如图2-26所示。

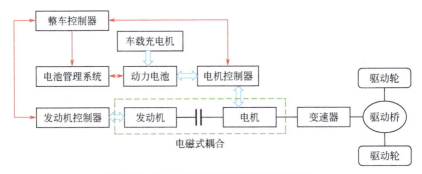

图2-26 电磁式耦合混合动力汽车系统结构

⇨ 电气连接；—— 机械连接；— 通信连接

电磁式耦合器输入力矩与输出力矩之间的关系为

$$T_3=T_2=T_1 \qquad (2\text{-}3)$$

电磁式耦合器输入转速与输出转速之间的关系为

$$n_3=n_2=n_1 \quad (2\text{-}4)$$

2. 转速耦合

转速耦合是指输出动力在耦合过程中,两个动力源的输出转速相互独立,而输出转矩必须互成比例,耦合器的输出转速是发动机和电机转速的线性和,输出转矩则与发动机和电机的转矩成比例关系。耦合器的输出转速为

$$n_3=pn_1+qn_2 \quad (2\text{-}5)$$

式中,n_1 为动力源1的输出转速;n_2 为动力源2的输出转速;n_3 为转速耦合器的输出转速;p 和 q 由转速耦合器的结构决定。

转速耦合方式可以通过行星齿轮和差速器等方式实现。

（1）行星齿轮耦合方式　行星齿轮耦合方式是一种普遍采用的动力耦合方式,通常发动机输出轴与太阳轮连接,电机与齿圈连接,行星架作为输出端。这种耦合方式结构简单,传动效率高,混合度高,并且还可以实现多种形式驱动,动力切换过程中冲击力小,但整车驱动控制难度较大。如图2-27所示为行星齿轮耦合方式。

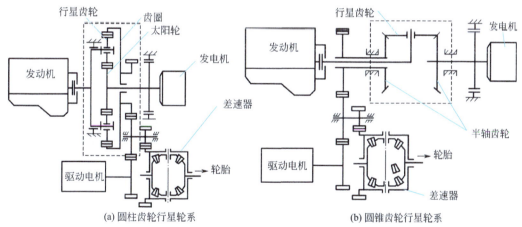

图2-27　行星齿轮耦合方式

（2）差速器耦合方式　差速器耦合方式是行星齿轮耦合的一种特殊情况,其耦合方式与行星齿轮耦合方式基本类似,只是两者对发动机和电机的动力性能要求不同,从而导致动力混合程度不同。差速器耦合要求发动机和电机动力参数相当,动力混合程度比较高。

如图2-28所示为差速器耦合方式。

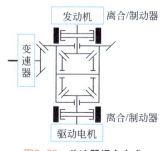

图2-28　差速器耦合方式

转速耦合方式的特点是发动机的转矩不可控，发动机的转速可以通过对电机的转速调整而得到控制。在行驶过程中采用转速耦合方式的混合动力汽车，可以通过调整电机转速来调节发动机转速，使发动机在最佳油耗曲线附近工作。即使在发动机的工作点不变的情况下，通过连续调整电动汽车电机转速，也可以使车速连续变化，因此，采用转速耦合方式的混合动力汽车无须无级变速器便可以实现整车的无级变速。

3. 功率耦合

功率耦合兼顾了转速耦合和转矩耦合的特点，其输出转矩为发动机和电机转矩的线性和，输出转速为发动机和电机转速的线性和，因此，发动机的转矩和转速都可控。

采用功率耦合方式的混合动力汽车，发动机的转矩和转速都可以自由控制，而不受汽车工况的影响。因此，理论上可以通过调整电机的转速和转矩，使发动机始终处在最佳油耗点工作。但实际上，频繁调整发动机工作点也可能会使经济性有所下降，因此，通常的做法是将发动机的工作点限定在经济区域内，缓慢调整发动机的工作点，使发动机工作相对稳定，经济性能提高。采用功率耦合方式的混合动力汽车理论上不需要离合器和变速器，而且可实现无级变速。与前两种耦合系统相比，功率耦合方式无论是对发动机工作点的优化，还是在整车变速方面，都更具优越性。

丰田普锐斯混合动力汽车采用的单/双行星排混合动力系统、雷克萨斯RX400h混合动力汽车采用的双行星排混合动力系统，都属于功率耦合方式。

雷克萨斯RX400h混合动力汽车的动力耦合系统如图2-29所示，发动机和M1电机通过前排行星齿轮进行转速耦合，通过速度合成实现M1电机对发动机转速的调节，使发动机转速与车速相独立，实现动力耦合器功能，转速合成之后的动力再与M2电机的动力形成转矩耦合。混合耦合方式汇集了转矩和转速耦合方式的优点，能实现多种工作模式，可以充分发挥混合动力汽车节能减排的优势。虽然结构复杂，控制困难，但随着制造技术和控制技术的发展，这种耦合方式已经成为混合动力汽车的发展趋势。

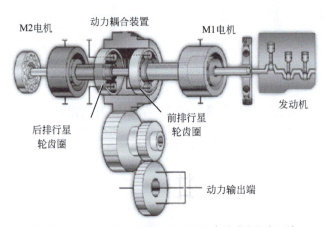

图2-29　雷克萨斯RX400h混合动力汽车的动力耦合系统

目前，动力耦合器的集成方式主要有两类：一类是基于发动机、动力耦合器和电机的一体化集成，例如丰田的THS混合动力系统、本田的IMA混合动力系统，如图2-30和图2-31所示；另一类为基于变速器的机电混合动力总成一体化集成，例如采埃孚的混合动力8AT总成、伊顿的基于AMT变速器的单电机同轴并联混合动力总成，如图2-32和图2-33所示。

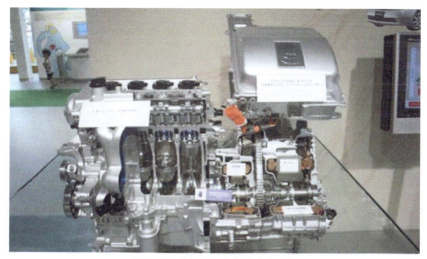

图2-30 丰田的THS混合动力系统

图2-31 本田的IMA混合动力系统

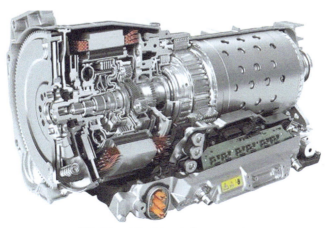

图2-32 采埃孚的混合动力8AT总成

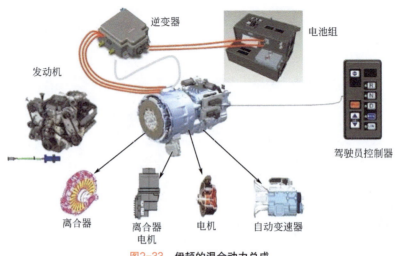

图2-33 伊顿的混合动力总成

二、丰田普锐斯的E-CVT

E-CVT的英文全称是Electronic Continuously Variable Transmission，直译成中文是"电控无级变速器"，但它与燃油汽车的无级变速器不一样，而是专门为混合动力汽车开发的动力分配机构，丰田官方给出的定义是"动力分配器"，因为它并不具备传统变速器系统里面的离合器、液力变矩器或是齿轮轴组等这些复杂机构。

1. 丰田普锐斯E-CVT的结构

丰田普锐斯E-CVT的结构示意如图2-34所示。可以看出，与传统燃油汽车的变速器相比，其结构比较简单，仅仅由外齿圈（连接2号电机和输出轴）、行星齿轮架（连接发动机）和太阳齿轮（连接1号电机）组成。中间的行星齿轮因为是发动机驱动的，所以当它转动时，既可以带动外齿圈转动，又能带动里面的太阳齿轮转动。1号电机属于发电机，是发动机的起动机；2号电机属于驱动电机，用于驱动车轮。

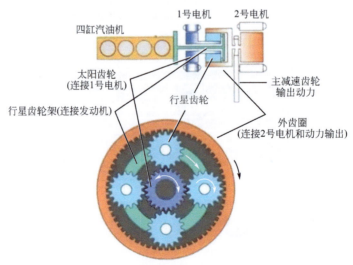

图2-34 丰田普锐斯E-CVT的结构示意

丰田普锐斯的E-CVT结构如图2-35所示。由此可见，E-CVT就是一套行星齿轮组减速机构。

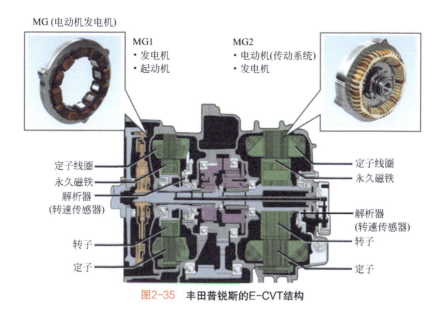

图2-35　丰田普锐斯的E-CVT结构

2. 丰田普锐斯E-CVT的原理

虽然丰田普锐斯E-CVT的结构比较简单，但它的控制比较复杂。

丰田普锐斯E-CVT的动力分配简图如图2-36所示。S代表太阳齿轮；C代表行星齿轮架；R代表外齿圈；1号电机用MG1表示；2号电机用MG2表示。发动机的动力可以通过行星齿轮架分配给车轮和MG1，MG1可以发电来供给MG2或给电池组充电，MG2可以直接驱动车轮或给电池组充电。

图2-36　丰田普锐斯E-CVT的动力分配简图

在E-CVT中，由于存在四个可以自由公转的行星齿轮，当齿圈固定不动（即车轮不动）时，只有行星齿轮的自转，太阳齿轮（MG1）才可以带动行星齿轮架（即发动机）转动（即启动发动机过程）。

有了行星齿轮的自转，当外齿圈（MG2）正转时，太阳齿轮（MG1）也可以反转；反之，而当外齿圈（MG2）反转时，太阳齿轮（MG1）又可以正转。

当外齿圈和太阳齿轮同向转动时，行星齿轮可以不自转，只公转，从而带动汽油机转动。当行星齿轮座不转时，外齿圈和太阳齿轮仍可以自由转动。正是因为行星齿轮组的这种特性，发动机、车轮、电机才能时时连接在一起运转而又能互不干扰，故此省去了离合的结构。

如图2-37所示为丰田普锐斯E-CVT结构的转速线性。因为齿数的比例关系,横坐标数值代表传动比,纵坐标代表齿轮的转速和旋转方向。

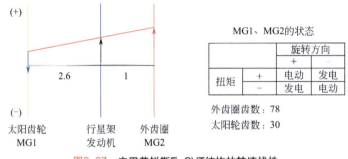

图2-37 丰田普锐斯E-CVT结构的转速线性

太阳齿轮转速、发动机转速和外齿圈转速之间的关系为

$$S=C\times 3.6 - R\times 2.6 \qquad (2-6)$$

式中,S为太阳齿轮转速;C为发动机转速;R为外齿圈转速。

另外,由于外齿圈、太阳齿轮和行星齿轮的直径及齿数都已固定,也可以得出:行星齿轮架在中间转动的时候分配给外齿圈和太阳齿轮的转矩比是一定的。具体数值大约是72%分配给外齿圈(实际上是2.6÷3.6),大约28%分配给太阳齿轮(1-72%)。只要发动机转动做功,这种分配就不会改变。

汽车从启动到制动停车的一系列不同工况下,对转矩的要求是有极大变化的,传统燃油汽车需要变速器来调节发动机的输出动力。但是在E-CVT这种特定结构里面,由于存在两个电机,在不同的工况下,只要控制这两个电机的不同转速就能使外齿圈上获得的发动机动力无级变化,从而使汽车达到无级变速。

下面从普锐斯的各个运行工况来分析E-CVT的变速过程。普锐斯的运行工况主要有怠速运转、起步、小负荷加速、大负荷加速、匀速行驶、减速、倒车。

(1)怠速运转工况 怠速运转工况包括发动机启动和热车。发出启动指令后,MG1瞬间启动(正转)并带动发动机启动,整个过程极其快速而平顺,如图2-38所示。启动发动机工况下,太阳齿轮主动正转,行星齿轮反转,行星齿轮架被动正转,外齿圈停转。

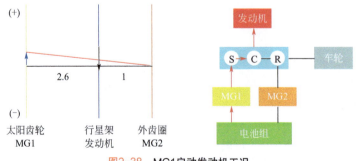

图2-38 MG1启动发动机工况

发动机启动后,在起步前属于热车工况,如图2-39所示。发动机启动后,怠速运转,汽油机带动行星齿轮架正向旋转。由于车轮(外齿圈)未转动,行星齿轮架(发动

机）的正向旋转会通过行星齿轮而带动太阳齿轮（MG1）正向旋转。MG1不再接收电池组输电，反而变成发电机，发出交流电，经PCU里的逆变器和电压变换器变成低压直流电并给电池组充电。总之，急速时，发动机的功率全部用来为电池组充电。

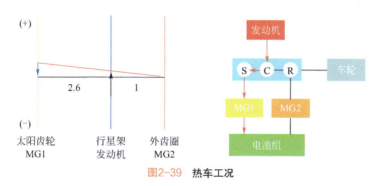

图2-39　热车工况

（2）起步工况　起步工况分为电动起步和混合起步两种工况。发出起步信号后，少量电力就会通到MG2电机，MG2电机开始旋转，带动车轮（外齿圈）开始正向转动，车辆起步前进，如图2-40所示。当驾驶员用力踩下油门踏板时，MG2电机会获得更多的电力，车辆就会加速前进。由于MG2电机功率很大（50kW），低速转矩也很大。在PCU的控制下，车辆加速十分柔和，即便只靠MG2电机即可把车辆加速到一定的速度。此起步过程充分发挥了MG2电机低速高转矩的特性，以弥补发动机低速转矩不足的缺点。

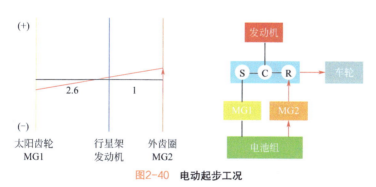

图2-40　电动起步工况

若这时发动机不工作（电动起步），随着MG2电机的转速增加，MG1电机的转速也会急速增加。因为MG1电机的转速有上限，快达到上限的时候，发动机被迫启动来进行干预。这时便存在一个临界速度。这个速度虽然是固定的，但是可以肯定的是起步时踩油门的力度越大，汽油机介入的时间就越早（主动介入）。如果把油门一下踩到底，汽油机会立即点火。

大部分情况下，MG2电机就能顺利驱动车辆加速到一定速度，但是有些情况下也会出现动力不足的现象。这时发动机介入后便会通过带动MG1发电供给MG2和直接带动外齿轮转动来推动车轮两种方式来输出动力，如图2-41所示。这两种方式可以同时存在，至于其互相占比多少取决于多种因素。

（3）加速工况　加速工况分为小负荷加速工况和大负荷加速工况。小负荷加速时，主要靠MG2电机驱动车轮，如图2-42所示。MG2电机转速提升，四个行星齿轮反向自转的速度逐渐下降，当齿圈转速与行星齿轮架（发动机）转速相同时，行星齿轮的自

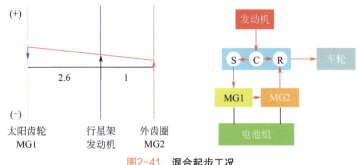

图2-41 混合起步工况

转停止,只剩下公转,这时行星齿轮架(发动机)通过四个已经不再自转的行星齿轮,同时推动外齿圈(车轮)和太阳齿轮(MG1电机),三者速度达到一致。MG1继续向MG2供电。MG2速度继续提升,直到车辆达到目的速度。此时,太阳轮转速小于行星齿轮架转速。

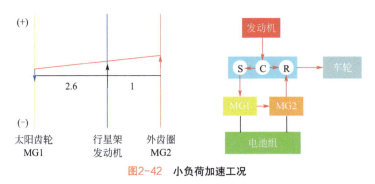

图2-42 小负荷加速工况

面对大负荷加速(如载重启动)等MG2电机的动力跟不上的情况,发动机转速提升,进入其经济运转区间,发动机的功率大大提升。因为发动机的转矩提升进而带动MG1发电,外齿圈也获得的动力提升,同时电池组也会向MG2电机供电,如图2-43所示,MG2电机进入满功率或大功率工况。

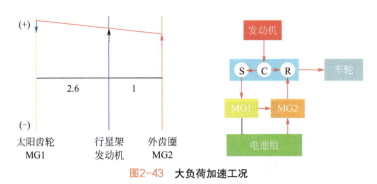

图2-43 大负荷加速工况

(4)匀速行驶工况 匀速行驶工况发生在加速工况完成后,此时车辆只需要克服各种阻力,对动力和转矩的需求大大降低,油门放松后,汽油机转速下降,外齿圈(车轮)的转速便高于行星齿轮架(发动机)的转速。这时,四个行星齿轮开始正向自转,并驱动太阳齿轮(MG1)反转,如图2-44所示。车辆高速巡航时,MG2变成发电机状态供给MG1,维持MG1的转动。由于太阳齿轮的主动反转使得行星齿轮架的动力大部分传递到外齿圈上面从而驱动车辆巡航行驶。此时相当于MG2和MG1进入能量的循环状态,只有发动机驱动车辆行驶。

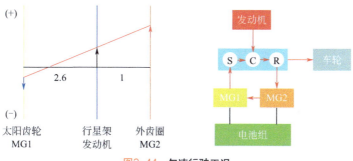

图2-44 匀速行驶工况

实际上,在车辆整个行驶过程中,加速和匀速行驶状态是在不断切换的。ECU会根据驾驶员踩油门和放松油门等各种操作动作和汽车及各项行驶工况来通过PCU调整电压与电流相位,瞬间改变电机的输出功率、旋转方向,切换两台电机的功能。

(5)减速工况　减速工况相对比较简单,发动机关闭,MG1电机空转;MG2电机由车轮带动变成发电机吸收车轮的减速能量,并为电池组充电,如图2-45所示。

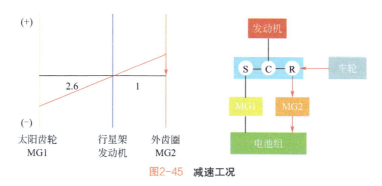

图2-45 减速工况

(6)倒车工况　MG2电机具有低速大转矩特性,通过电池组给MG2电机供电,带动外齿圈反转,车辆完成倒车,如图2-46所示。

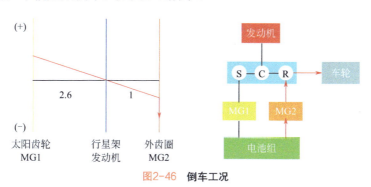

图2-46 倒车工况

在整个车辆行驶过程中,其实是两个电机和发动机互相配合,在严密的机电转换逻辑控制下完美进行线性输出的一个过程。而这种完美配合的基础就是E-CVT的特殊结构。因为功率=转矩×转速,故这种转矩按比例分配而转速又可以无级分配的行星齿轮组结构,使得发动机的动力可以随时随地无级分配给外齿圈(即车轮),完成普通步进式变速器的所有功能。

车辆行驶各工况下E-CVT各齿轮的运行状态见表2-1。

表2-1 车辆行驶各工况下E-CVT各齿轮的运行状态

工况	太阳齿轮	行星齿轮	行星架发动机	外齿圈
启动发动机	主动正转	反转	被动正转	停转
热车	被动正转	反转	主动正转	停转
电动起步	被动反转	正转	停转	正转
混合起步	被动正转	反转	主动正转	正转
加速	被动正转	反转	主动正转	正转
匀速	主动反转	正转	主动正转	正转
减速	被动反转	正转	停转	正转
倒车	被动正转	反转	停转	反转

E-CVT实现了变速器领域机电技术的很好融合，它能够有效弥补传统无级变速器的短板（传动功率小），它集合了大功率、反应快、无级变速、传动效率极高等优点于一身，但是它的逻辑控制系统十分的复杂。

如图2-47所示为装配E-CVT的丰田普锐斯和普通车辆的驱动力特征，可以看出，丰田普锐斯的动力输出区域比普通车辆要宽得多。

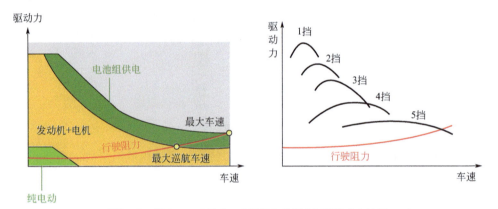

图2-47 装配E-CVT的丰田普锐斯和普通车辆的驱动力特征

丰田混合动力系统THSⅠ和THSⅡ都由一台阿特金森发动机、两个电机以及一个行星齿轮组构成。但丰田在新一代的THSⅢ系统中，在MG2上又增加了一组行星齿轮组作为减速机构，以降低MG2和MG1的转速差，使纯电模式行驶里程更高，能耗更低。

三、通用沃蓝达的E-CVT

通用沃蓝达混合动力系统如图2-48所示，由一台75kW发动机（ICE）、两个电机（EM1和EM2）、两个行星齿轮组、一个单向离合器、两个多片式离合器（C1和C2）以及电池组和功率电子组成。

通用沃蓝达混合动力系统可以实现五种行驶模式，即单电机纯电模式、双电机纯电模式、低增程模式、定速比增程模式、高增程模式。其中低增程模式为单分流模式，高增程模式为复合分流模式。

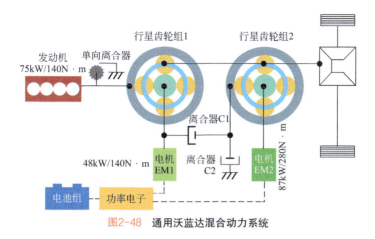

图2-48 通用沃蓝达混合动力系统

（1）单电机纯电模式　单电机纯电模式动力流如图2-49所示，发动机处于熄火状态，离合器C2接合使得行星齿轮组2的齿圈固定，电机EM2输出动力到行星齿轮组2的太阳轮，最终由行星齿轮组2的行星齿轮架将动力输出至差速器驱动车辆。

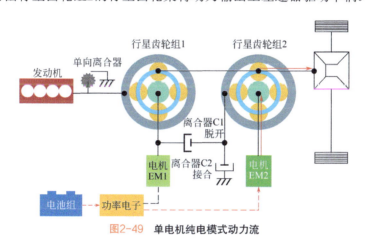

图2-49 单电机纯电模式动力流

（2）双电机纯电模式　双电机纯电模式动力流如图2-50所示，在单电机纯电模式的基础上，电机EM1也同时参与驱动，其与行星齿轮组1的太阳轮连接，行星齿轮组1的外齿圈由于单向离合器的作用而被固定，电机EM1的动力由行星齿轮组1的行星齿轮架输出到差速器共同参与驱动车辆。

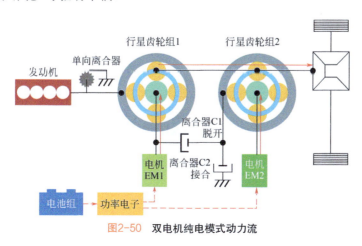

图2-50 双电机纯电模式动力流

（3）低增程模式　低增程模式动力流如图2-51所示，低增程模式与丰田THS的动力分流模式类似，为一种单分流模式。此时发动机运行输出功率到行星齿轮组1的外齿圈，一部分功率驱动电机EM1进行发电，其余功率通过行星齿轮组1的行星齿轮架输出到差速器参与驱动车辆；电机EM2输出正功率，通过行星齿轮组2的行星齿轮架输出共同驱动车辆。

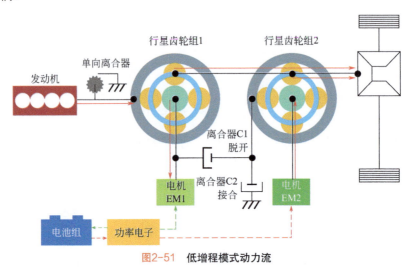

图2-51　低增程模式动力流

（4）定速比增程模式　定速比增程模式动力流如图2-52所示，此模式下两个离合器都接合，电机ME1、行星齿轮组1的太阳轮、行星齿轮组2的外齿圈都被固定，发动机动力输入行星齿轮组1的外齿圈，通过行星齿轮组2的行星齿轮架输出动力到车轮，此时电机EM2可以输出功率，也可以发电，但是从发动机到车轮的速比是固定不变的。

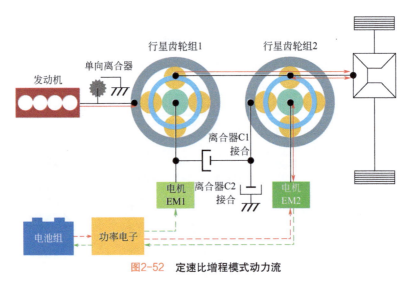

图2-52　定速比增程模式动力流

（5）高增程模式　高增程模式动力流如图2-53所示，此为第二种动力分流模式，是一种复合分流模式。此时离合器C1接合，离合器C2脱开，发动机输出的功率一部分输出到车轮，一部分可以通过电机EM2发电，同时电机EM1输出正功率参与驱动。

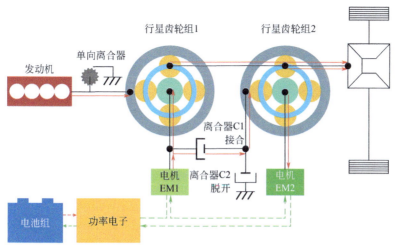

图2-53 高增程模式动力流

丰田普锐斯的E-CVT由一个简单行星齿轮组构成,无须离合器,机械结构比较简单,因此材料和制造成本方面优势明显,但其硬件结构决定了只能实现单分流混动模式。

通用沃蓝达的E-CVT由两个行星齿轮组构成,同时还需要1个单向离合器和2个多片式离合器进行控制,机械结构上相对复杂,对于变速器布置设计和制造都提出了更高的要求,因此制造成本更高,同时控制和标定也会更加复杂。但其复杂的机械结构带来了单分流和复合分流两种混动模式,使得其速比范围可以做得更大,同时在复合分流模式下具有更高的混动效率。

第六节 动力电池及管理系统

动力电池可为混合动力汽车提供电能,类型主要有锂离子电池和金属氢化物镍蓄电池。

一、动力电池的结构类型

动力电池的结构类型主要有蓄电池单体、蓄电池模块(模组)、蓄电池包和蓄电池系统等,如图2-54所示。

(1)蓄电池单体 将化学能与电能进行相互转换的基本单元装置,通常包括电极、隔膜、电解质、外壳和端子,并被设计成可充电,也称为电芯。

(2)蓄电池模块 将一个以上单体蓄电池按照串联、并联或混联方式组合,作为电源使用的组合体,也称为蓄电池组。

(3)蓄电池包 蓄电池包通常包括蓄电池组、蓄电池箱及相应附件(冷却部件、连接线缆等),具有从外部获得电能并可对外输出电能的单元。

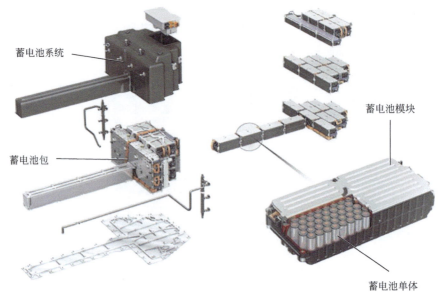

图2-54 动力电池的结构类型

（4）蓄电池系统　蓄电池系统是指一个或一个以上蓄电池包及相应附件（电池管理系统、高压电路、低压电路、热管理设备及机械总成等）构成的能量存储装置。

蓄电池系统要放在蓄电池箱内，标准蓄电池箱结构如图2-55所示。

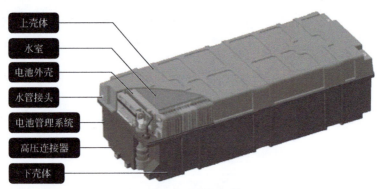

图2-55 标准蓄电池箱结构

如图2-56所示为某纯电动汽车动力电池的组成。每个单体蓄电池电压为3.7V，容量为53A·h，每一个模块都有12个单体蓄电池，结构上采用两两并联再串联的方式，即"2并6串"，整个蓄电池包由16个模块串联构成。

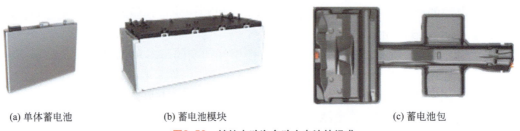

(a) 单体蓄电池　　　(b) 蓄电池模块　　　(c) 蓄电池包

图2-56 某纯电动汽车动力电池的组成

16个模块串联成动力电池，其布置方式如图2-57所示。

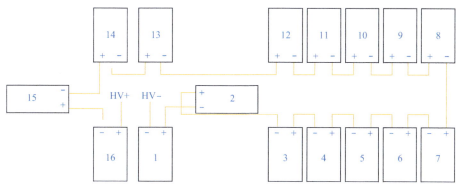

图2-57 蓄电池模块布置方式

二、锂离子蓄电池

锂离子电池是用锰酸锂、磷酸铁锂或钴酸锂等锂的化合物为正极,用可嵌入锂离子的碳材料为负极,使用有机电解质的蓄电池。锂离子单体电池的额定电压为3.6V。

根据锂离子电池的形状,可以分为方形锂离子电池和圆柱形锂离子电池,如图2-58所示。

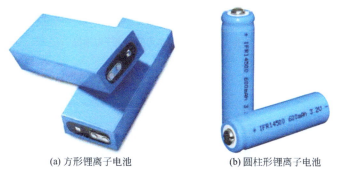

(a) 方形锂离子电池　　　　(b) 圆柱形锂离子电池

图2-58 锂离子电池的实物形状

锂离子电池主要由正极、负极、隔膜和电解液等组成,如图2-59所示。

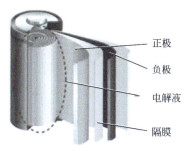

图2-59 锂离子电池的基本结构

(1) 正极　正极材料作为锂离子电池中Li^+的唯一供给者,对锂离子电池能量密度的提高及成本的降低起着决定性作用。被广泛采用的正极材料主要有锰酸锂、磷酸铁锂、钴酸锂、镍钴锰锂等。

(2) 负极　负极材料影响锂离子电池的安全性,目前,广泛应用的碳基负极材料，将锂在负极表面的沉积/溶解转变为在碳材中的嵌入/脱出，大幅度地减少锂枝晶的形成，提高锂离子电池安全性。

（3）隔膜　隔膜主要为隔绝正负极以防止两电极短路及自放电，同时为两电极间提供良好的离子通道。目前，应用比较广泛的隔膜主要有PP-PE-PP多层隔膜、聚合物陶瓷涂覆隔膜以及无纺布隔膜等。

（4）电解液　锂离子电池采用的是非水有机溶剂体系的电解液。

混合动力汽车用锂离子电池的基本单元是单体电池，按使用要求组合成不同电压和不同电量的锂离子电池组。

如图2-60所示为混合动力汽车用的锂离子电池组。

图2-60　混合动力汽车用的锂离子电池组

三、金属氢化物镍蓄电池

金属氢化物镍蓄电池是指正极使用镍氧化物、负极使用可吸收释放氢的储氢合金、以氢氧化钾为电解质的蓄电池。金属氢化物镍蓄电池的额定电压为1.2V。

电动汽车用金属氢化物镍蓄电池可分为圆柱形和方形两种，如图2-61所示。

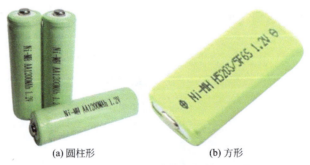

(a) 圆柱形　　　(b) 方形

图2-61　金属氢化物镍蓄电池的实物形状

圆柱形金属氢化物镍蓄电池的基本结构如图2-62所示，主要由电池正极、电池负极、分离层、金属外壳、氢氧化镍、金属氢化物和密封橡胶等组成。金属氢化物镍蓄电池正极是活性物质氢氧化镍，负极是储氢合金，分离层是隔膜纸，用氢氧化钾作为电解质，在正负极之间有分离层，共同组成金属氢化物镍单体电池。在金属铂的催化作用下，完成充电和放电的可逆反应。在圆柱形金属氢化物镍蓄电池中，正负极用隔膜纸分开卷绕在一起，然后密封在金属外壳中。在方形金属氢化物镍蓄电池中，正负极由隔膜纸分开后叠成层状密封在外壳中。

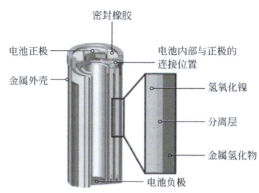

图2-62　圆柱形金属氢化物镍蓄电池的基本结构

混合动力汽车用金属氢化物镍蓄电池的基本单元是单体电池，按使用要求组合成不同电压和不同电量的金属氢化物镍蓄电池组。

如图2-63所示为混合动力汽车用的金属氢化物镍蓄电池组。

图2-63　混合动力汽车用的金属氢化物镍蓄电池组

四、电池管理系统

电池管理系统（Battery Management System，BMS）是由电池电子部件和电池控制单元组成的电子装置，可以控制电池输入和输出功率，监视电池的状态（温度、电压、荷电状态），为电池提供通信接口的系统。

1. 电池管理系统的功能

电池管理系统主要是为了能够提高电池的利用率，防止电池出现过度充电和过度放电，延长电池的使用寿命，监控电池的状态。混合动力汽车电池管理系统主要用于对混合动力汽车的动力电池参数进行实时监控、故障诊断、SOC值估算、续驶里程估算、短路保护、漏电监测、显示报警、充放电模式选择等，并通过CAN总线的方式与整车控制器或充电机进行信息交互，保障混合动力汽车高效、可靠、安全运行，并保证在车辆使用过程中的安全。

典型的电池管理系统应具备以下功能。

（1）实时采集电池系统运行状态参数　　实时采集电动汽车蓄电池组中的每块电池的端电压和温度、充放电电流以及电池组总电压等。由于电池组中的每块电池在使用中的性能和状态不一致，因而对每块电池的电压、电流和温度数据都要进行监测。

（2）确定电池的SOC值　　准确估计动力电池组的SOC值，从而随时预报混合动力汽车储能电池还剩余多少能量或储能电池的SOC值，使电池的SOC值控制在30%～70%的工作范围。

（3）故障诊断与报警　　当蓄电池组电量或能量过低需要充电时，及时报警，以防止蓄电池过放电而损害电池的使用寿命；当蓄电池组的温度过高，非正常工作时，及时报警，以保证蓄电池正常工作。

（4）电池组的热平衡管理　　电池热管理系统是电池管理系统的有机组成部分，其功能是通过风扇等冷却系统和热电阻加热装置使电池处于正常工作温度范围内。

（5）一致性补偿　　当电池之间有差异时，有一定措施进行补偿，保证电池组表现能力更强，并有一定的手段来显示性能不良的电池位置，以便修理替换。一般采用充电补偿功能。设计有旁路分流电路，以保证每个单体都可以充满电，这样可以减缓电池老化的进度，延长电池的使用寿命。

（6）通过总线实现各检测模块和中央处理单元的通信　　在混合动力汽车上实现电池管理的难点和关键在于如何根据采集的每块电池的电压、温度和充放电电流的历史数据，建立确定每块电池剩余能量的较精确的数学模型，即准确估计混合动力汽车蓄电池的SOC值。

2. 电池管理系统的组成

混合动力汽车电池管理系统的功能和形式主要根据实际情况确定，受电池类型、混合动力汽车类型、成本等多种因素影响。

电池管理系统包括硬件系统和软件系统。硬件系统设计取决于管理系统实现的功能。基本要实现对动力电池组的合理管理，即保证采集数据的准确性、系统通信的可靠稳定性及抗干扰性。在具体实现过程中，根据设计要求确定需要采集动力电池组的数据类型；根据采集量以及精度要求确定前向通道的设计；根据通信数据量以及整车的要求选用合理的总线。

插电式混合动力电动汽车电池管理系统的基本组成如图2-64所示，它主要由检测模块、均衡电源模块和控制模块三部分组成。检测模块能够对电池组中各单体电池的电压、电流、温度等关键状态参数进行准确、实时的检测，并通过SPI上报给控制模块；均衡电源模块能够平衡单体电池间的电压差异，解决电池组"短板效应"；控制模块能够根据既定策略完成控制功能，实现SOC估计，同时将电池状态数据通过CAN总线发送给整车其他电子单元。

电池的SOC值是经过对电流的积分得到的，电流信号检测的精度直接影响系统的SOC值的准确度，因此要求电流转换隔离放大单元在较大范围内有较高的精度，较快的响应速率，较强的抗干扰能力，较好的零漂、温漂抑制能力和较高的线性度。

电池的温度是判断电池能否正常使用的关键性参数，如果电池的温度超过一定值，有可能造成电池的不可恢复性破坏。电池组之间的温度差异造成电池组的单体之间的不均衡，从而会造成电池寿命的降低。

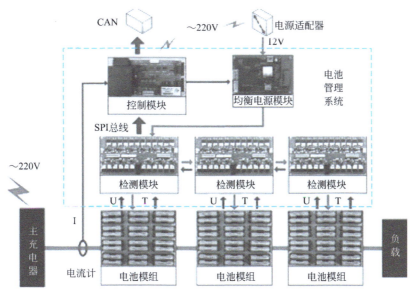

图2-64 插电式混合动力电动汽车电池管理系统的基本组成

电压是判断电池组好坏的重要依据，系统要求能得到电池组在同一时刻的电压值的变化和各电池组的值，通过算法来找出问题电池组，因此电压的采样精度要求比较高。

混合动力汽车中发动机、电机等强电磁干扰源的存在对系统的抗干扰性要求较高，所以要求系统从硬件设计、印制电路板的制作和软件程序方面提高系统的抗干扰性。

3. 电池SOC估算方法

动力电池的荷电状态（SOC）是反映动力电池当前状态的重要参数之一，也是整车能量分配策略的重要依据之一。在电池管理系统中，SOC估算是重要的研究内容。

由于无法通过直接测量的方法来得到电池的SOC，因此一般采用间接测量电池其他参数，如电池电流、电压等来估算电池的SOC。常见的估算动力电池SOC的方法有放电法、开路电压法、安时积分法、卡尔曼滤波法、神经网络法等。

（1）放电法 在某一温度下对电池进行1/3C倍率的恒流放电，直到电池端电压达到最低值（此时SOC=0），此温度和电流下放电容量即为电流与时间的积，SOC值即为放电容量占电池额定容量的比值。放电法是按照SOC的定义去估算的，因此也是最准确的方法，但是此方法只适用于实验室内，无法在汽车实际运行过程中使用。

（2）开路电压法 电池的开路电压是可直接测量的物理量，其与SOC有一定的联系。一般来说，当SOC处于较高值时，电池的开路电压也比较大。因此可预先通过试验的手段来获取SOC与开路电压两者的对应关系，之后测量电池开路电压即可得到此状态下电池的SOC。这种方法原理简单，操作方便，但在测量开路电压时电池还要单独进行静置处理，因而也无法在实际情况下进行实时测量。

（3）安时积分法 电池在一段时间内放出的容量是电流对时间的积分，故测量电池工作状态下的电流值，计算已放出容量，然后根据电池总容量与已放出容量之差即可计算出当前状态下电池的SOC。该方法是电池管理系统中SOC估算最常用的方法之一，此方法不需要考虑电池模型，但不可避免会产生误差，尤其是SOC估算误差会随着时间而积累，因此需要对SOC进行校正。

（4）卡尔曼滤波法　卡尔曼滤波法的核心是根据已建立的电池状态模型，利用卡尔曼滤波原理，根据电池工作时的电流、电压以及温度等进行状态递推，得到SOC的实时估算值以及估算误差。需要指出的是，由于电池的动态仿真模型并不是线性的，故在利用卡尔曼滤波算法时通常需要将电池的动态仿真模型进行一定处理，从而能够更加精确地对电池SOC进行估算，此方法被称为扩展卡尔曼滤波算法。

（5）神经网络法　神经网络法是依据大量的样本数据和神经网络模型，通过大量的数据分析，实时将SOC与输入端数据建立一定的联系。人工神经网络模型缺少对动态工况的验证，在使用这种模型时，还必须采集大量的变电流工况数据。否则，当混合动力汽车行驶在复杂工况下时，模型的SOC估计精度势必将受到影响。

随着各种先进算法的提出，SOC估算精度已经得到了明显提高。

第七节　电源变换器

电源变换器可分为直流/直流（Direct Current/ Direct Current，DC/DC）变换器、直流/交流（Direct Current/ Alternating Current，DC/AC）变换器和交流/直流（Alternating Current/ Direct Current，AC/DC）变换器。

一、DC/DC变换器

DC/DC变换器是在直流电路中将一个电压值的电能变换为另一个电压值的电能的装置。

DC/DC变换器主要实现以下功能。

（1）驱动直流电机　在小功率直流电机驱动的转向、制动等辅助系统中，一般直接采用DC/DC电源变换器供电。

（2）向低压设备供电　向混合动力汽车中的各种低压设备如车灯等供电。

（3）给低压蓄电池充电　在混合动力汽车中，需要高压电源通过降压型DC/DC变换器给低压蓄电池充电，如图2-65所示，将动力电池的400V的高压直流电转化为12V低压直流电给低压蓄电池充电。

（4）不同电源之间的特性匹配　混合动力汽车一般采用发动机-发电机组和动力电池的混合动力系统结构。在能量混合型系统中，采用升压型DC/DC变换器；在功率混合型系统中，采用双向型DC/DC变换器。

根据电路输入输出电压的大小关系，DC/DC变换器分为降压DC/DC变换器和升压DC/DC变换器；根据输入输出电路的电气绝缘性，DC/DC变换器可分为非隔离式DC/DC变换器和隔离式DC/DC变换器。

在混合动力汽车上搭载48V系统，通过两个DC/DC变换器，形成12V-48V-HEV电气系统架构，如图2-66所示。

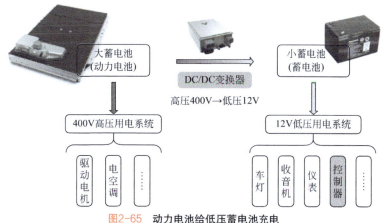

图2-65 动力电池给低压蓄电池充电

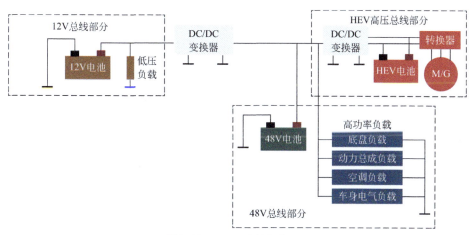

图2-66 DC/DC变换器的作用

二、DC/AC变换器

DC/AC变换器是将直流电变换成交流电的装置，也称为逆变器。使用交流电机的混合动力汽车必须通过DC/AC变换器将动力蓄电池的直流电变换为交流电。

在混合动力汽车上，采用动力电池组的直流电作为电源，并且采用三相交流电机作为驱动电机时，三相交流电机不能直接使用直流电源，另外三相交流电机具有非线性输出特性，需要应用逆变器中的功率半导体变换器件，来实现直流电源与三相交流电机之间电流的传输和变换，并要求能够实现频率调节，在所调节的频率范围内保持功率的连续输出，同时实现电压的调节，能够在恒定转矩范围内维持气隙磁通恒定。将直流电变换为频率和幅值可调且电压可调的交流电来驱动三相交流电机。

三、AC/DC变换器

AC/DC变换器是将交流电压变换成电子设备所需要的稳定直流电压，混合动力汽车中AC/DC的功能主要是将发动机-发动机发出的交流电变换为直流电提供给用电设备或动力电池储存。

电源变换器在电动汽车上的应用实例如图2-67所示。

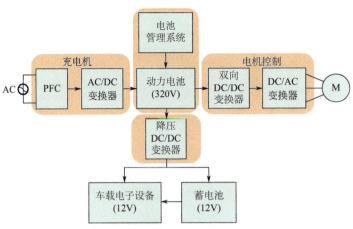

图2-67　电源变换器在电动汽车上的应用实例

电动汽车动力电池电压为320V，由电池管理系统进行管理和监测，并通过一个车载充电机（含AC/DC变换器）进行充电，交流电压范围是从110V的单相系统到380V的三相系统；动力电池通过一个双向的DC/DC变换器和DC/AC变换器来驱动交流电机，同时用于再生制动，将回收的能量存入动力电池；为了将动力电池的320V高电压转换为可供车载电子设备使用和给蓄电池充电的12V电源，需要一个降压型DC/DC变换器。

第三章

典型混合动力汽车技术

混合动力汽车有各种典型结构，本章主要介绍丰田混合动力汽车技术、本田混合动力汽车技术、通用混合动力汽车技术、上汽混合动力汽车技术、比亚迪混合动力汽车技术和长城混合动力汽车技术。

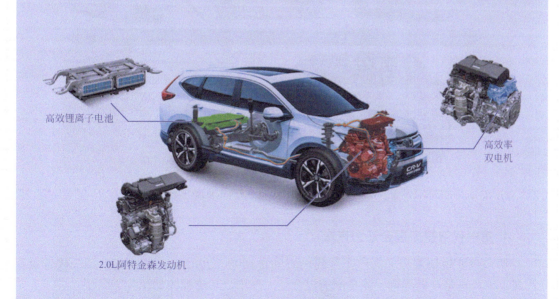

第一节 丰田混合动力汽车技术

以丰田为首的日系油电混合动力汽车在全球占据绝对的垄断地位,特点是不用充电,油耗低,动力平顺。特别是丰田的THS混合动力系统,经过十几年的迭代优化越发成熟,创造了上百项垄断的专利技术,已经成了整个混合动力汽车市场的典范。

一、丰田混合动力汽车的发展历程

从1997年到现在,丰田普锐斯(Prius)混合动力汽车走过了20多年历程,是目前最典型也是成功的混合动力汽车。

丰田普锐斯混合动力汽车已经经历了4代,如图3-1所示。

图3-1 丰田普锐斯混合动力汽车的发展历程

1. 第一代普锐斯混合动力汽车

第一代普锐斯混合动力汽车经历的时间是1997~2003年。1997年,第一代普锐斯正式上市,这是全世界第一款量产的混合动力汽车,其透视图如图3-2所示。

第一代普锐斯混合动力汽车车身长为4275mm,宽为1695mm,高为1490mm,轴距为2550mm,整车质量为1254kg,是一款三厢车型。第一代普锐斯混合动力汽车使用1NZ-FXE型1.5L四缸汽油发动机和一台288V永磁同步电机,如图3-3所示。

图3-2 第一代普锐斯混合动力汽车透视图

图3-3 第一代普锐斯混合动力汽车搭载的发动机和电机

汽油发动机峰值功率为43kW，峰值转矩为102N·m；电机峰值功率为29kW，峰值转矩为305N·m，电压为288V。配备电控无级变速器（Electronic Continuously Variable Transmission，E-CVT），以金属氢化物镍蓄电池组作为电源，丰田将这套油电混合动力系统称为"Toyota Hybrid System"，简称THS。第一代普锐斯混合动力汽车实测油耗为31km/L，约合3.22L/100km。

为了满足欧洲和美国消费者对高速和长途驾驶的需求，普锐斯出口车型性能有所提升，1NZ-FXE型1.5L四缸汽油发动机加入了可变正时气门技术，峰值功率提升至59kW，峰值转矩提升至110N·m；电机的峰值功率增加到32kW，峰值转矩提升到350N·m。

2. 第二代普锐斯混合动力汽车

第二代普锐斯混合动力汽车经历的时间是2003～2009年。2003年9月，第二代普锐斯混合动力汽车正式发布。第二代普锐斯混合动力汽车摒弃了三厢车体，而采用了更为实用的两厢掀背形式，如图3-4所示。

第二代普锐斯混合动力汽车车身长为4445mm，宽为1725mm，高为1490mm，轴距为2700mm，整车质量为1317kg。综合数据较第一代车型提升明显。第二代普锐斯混合动力汽车沿用了1NZ-FXE型1.5L四缸汽油发动机，具有可变气门正时技术，综合性

图3-4　第二代普锐斯混合动力汽车透视图

能有所提升，峰值功率为57kW，峰值转矩为115N·m。配套的500V电机峰值功率为50kW，峰值转矩为400N·m，混合动力系统净功率为83.5kW，配备ECVT，如图3-5所示。第二代普锐斯混合动力汽车配备的镍氢蓄电池组，尺寸更小且重量更轻。

当汽油发动机和电机同时运转时，混合动力汽车0～100km/h加速时间为9.7s，纯电动模式下0～100km/h加速时间为11s左右。油耗降低至2.8L/100km。

另外，第二代普锐斯混合动力汽车还配备了半自动泊车入位系统、车辆动态稳定控制系统以及自动空调等。

2005年12月，一汽丰田长春工厂开始投产第二代普锐斯混合动力汽车，开启了中国的混合动力汽车市场。

图3-5　第二代普锐斯混合动力汽车搭载的发动机和电机

3. 第三代普锐斯混合动力汽车

第三代普锐斯混合动力汽车经历的时间是2009～2015年。第三代普锐斯混合动力汽车车身长为4460mm，宽为1745mm，高为1490mm，轴距为2700mm，和第二代车型相似。但造型更时尚，风阻系数降低至0.25。第三代普锐斯混合动力汽车的动力系统有了较大改进，采用2ZR-FXE型1.8L四缸汽油发动机，峰值功率为74kW，峰值转矩为142N·m；配套的650V电机峰值功率为60kW，峰值转矩为207N·m，混合动力最高输出功率为100kW，如图3-6所示。传动系统与第二代相同。

图3-6 第三代普锐斯混合动力汽车搭载的发动机和电机

丰田在研发第三代普锐斯混合动力汽车的过程中，创造了100多项专利技术。第三代普锐斯混合动力汽车采用电子水泵，这也让它成为第一款全车无须皮带传动的量产车型。新设计的逆变器、电机和其他混动零部件的尺寸也更小巧，重量也更轻。正因为这些变化，使第三代普锐斯混合动力汽车的燃油经济性大幅提升，为2.63L/100km。

2012年，第三代普锐斯混合动力汽车在中国上市。

第三代普锐斯混合动力汽车上市不久，丰田基于第三代普锐斯混合动力汽车打造了插电式混合动力（Plug-In Hybrid）概念车在法兰克福车展上展出，如图3-7所示。2011年，丰田将插电式混合动力汽车推向市场，该车百公里油耗进一步降至2.2L，CO_2的排放降至49g/km。

图3-7 普锐斯插电式混合动力汽车

4. 第四代普锐斯混合动力汽车

第四代普锐斯混合动力汽车经历的时间是2015年至今。2015年9月，第四代普锐斯混合动力汽车在美国内华达州的拉斯维加斯世界车展公开亮相，2016年正式登陆北美洲市场和欧洲市场销售。

第四代普锐斯混合动力汽车车身长为4540mm，宽为1760mm，高为1470mm，轴距为2700mm，根据不同车型，其车重为1310~1460kg。第四代普锐斯混合动力汽车结构如图3-8所示。

第四代普锐斯混合动力汽车仍沿用2ZR-FXE型1.8L四缸汽油发动机，发动机功率相比第三代普锐斯下降0.735kW，峰值转矩为142N·m，综合峰值功率为110kW，比

图3-8 第四代普锐斯混合动力汽车结构

第三代车型提升了10kW，如图3-9所示，仍配备ECVT电控无级变速器。第四代普锐斯混合动力汽车配有电子百叶窗式进气格栅，热车效率明显提升，发动机热效率达到40%。

第四代普锐斯混合动力汽车与前三代的主要区别在于混合动力系统，它采用了全新的平行双电机结构，如图3-10所示。前三代THS均采用了发动机和MG1电机在动力分配行星齿轮组同一侧，MG2电机在另一侧，三者同轴的模式。第四代THS的变速系统、MG1电机和发动机依然同轴，但分别布置在行星齿轮的两侧。MG2电机通过一个从动齿轮减速后，再与行星齿轮组的齿圈啮合传动。这既能减小传动系统的重量和机械损失，也提高了燃油效率及整车NVH性能。丰田宣称第四代普锐斯混合动力汽车的汽油机热效率达到了40%，这对降低整车油耗有很大帮助。此外，得益于容量更大的动力蓄电池组，第四代普锐斯混合动力汽车在纯电动模式下的续驶里程可达56km。

除了常规配置外，第四代普锐斯混合动力汽车还配备了抬头显示、自动泊车、前排座椅加热等功能，前排储物格还带有无线充电装置。此外，第四代普锐斯混合动力汽车的主动安全性配置也更为丰富，TSS（Toyota Safety Sence）系统囊括了主动刹

图3-9 第四代普锐斯混合动力汽车搭载的发动机和电机

车、碰撞预警、车道偏离预警和自适应巡航等功能。第四代普锐斯仍沿用前麦弗逊式独立悬架，但后悬架已升级为双叉臂式独立悬架，操控性和舒适性方面将得到进一步提升。

图3-10　平行双电机结构

二、丰田混合动力系统

丰田混合动力系统已经发展了四代，即THS-Ⅰ、THS-Ⅱ、THS-Ⅲ、THS-Ⅳ，分别用在不同时期的车型当中。作为最早投入使用的普锐斯车系，一共四代都分别使用了四代混合动力系统。

第一代丰田混合动力系统THS-Ⅰ，左侧为1NZ-FXE型1.5L的汽油发动机，右侧是整套E-CVT的结构，MG1电机和MG2电机之间有一套行星齿轮组；最终输出是通过链条传动到最终输出端。以后的三代混合动力系统也是运用这个基本设计原理。

第二代丰田混合动力系统THS-Ⅱ如图3-11所示，发动机仍然采用1NZ-FXE型1.5L的汽油发动机；E-CVT部分除了提高效率以外都是以小调节为主，并没有太大的改动，依然是使用链条传动。但整个运算系统和逻辑进行了重新计算，发动机效率获得提高。

第三代丰田混合动力系统THS-Ⅲ如图3-12所示，与第二代丰田混合动力系统THS-Ⅱ相比，第三代丰田混合动力系统THS-Ⅲ发生了较大变化。发动机从1NZ-FXE型1.5L改成了2ZR-FXE型1.8L，发动机功率和转矩的增加，提高了车辆的动力性能。另外，增加了一个行星齿轮组；MG1电机和MG2电机体积也缩小，从而缩小整个E-CVT的体积；链传动改为齿轮传动，传动损耗更小，因此节能效果更明显。THS-Ⅲ也是国内最容易接触到的丰田混合动力系统，除了第三代普锐斯和雷克萨斯CT200H以外，国内的雷凌双擎、卡罗拉双擎也使用THS-Ⅲ混合动力系统。

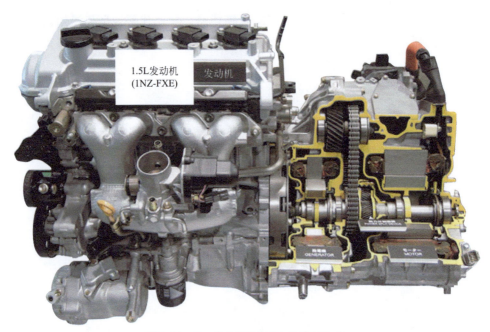

图3-11 第二代丰田混合动力系统THS-Ⅱ

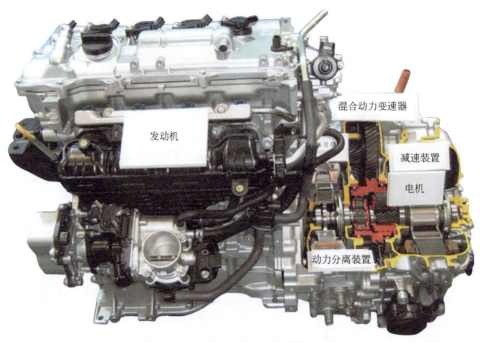

图3-12 第三代丰田混合动力系统THS-Ⅲ

第四代丰田混合动力系统THS-Ⅳ如图3-13所示，与前三代相比，最大的区别就是原来的电机属于串联结构，现在则变成了平衡轴结构。而转换成此结构的目的除了让整个E-CVT更短以外，也是用这种传统减速齿轮的方式代替THS-Ⅲ中MG2电机的行星齿轮减速结构。这样E-CVT整体尺寸更短，部件更少，摩擦更低，整体能效上升，且依然能保证对MG1电机的减速效果。一系列的改进，让第四代普锐斯的纯电行驶最高车速由70km/h提升到110km/h。

图3-13 第四代丰田混合动力系统THS-Ⅳ

三、丰田第二代混合动力系统THS-Ⅱ

丰田第二代混合动力系统THS-Ⅱ主要部件有汽油发动机、MG1电机、MG2电机、行星齿轮、减速机构等,如图3-14所示。第二代普锐斯混合动力汽车和凯美瑞混合动力汽车都采用了THS-Ⅱ混合动力系统。

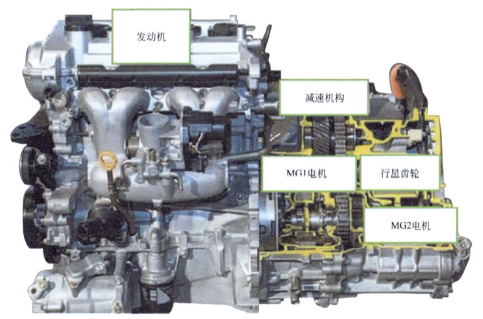

图3-14 丰田第二代混合动力系统THS-Ⅱ的组成

混合动力系统THS-Ⅱ中带有两台电机——MG1电机和MG2电机。MG1电机主要作为发电机使用，用于发电，必要时可驱动汽车；MG2电机主要用于驱动汽车。而MG1电机、MG2电机以及发动机输出轴被连接到一套行星齿轮机构的太阳轮、齿圈和行星架上。动力就是通过功率控制单元控制MG1电机和MG2电机，经行星齿轮机械机构进行分配的。由于使用了这种创新的动力分配方式，THS-Ⅱ系统甚至连变速器也不需要了，发动机输出经过固定减速机构减速后直接驱动车轮。

发动机启动时，电流流进MG2通过电磁力固定行星齿轮的齿圈，MG1作为起动机转动太阳轮，太阳轮带动行星架转动，与行星架连接的发动机曲轴转动，发动机启动，如图3-15所示。

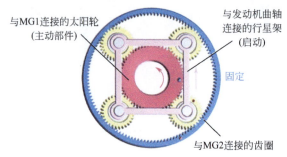

图3-15　发动机启动工况

发动机怠速时，电流流进MG2固定行星齿轮的齿圈，发动机带动行星架转动，行星架带动太阳轮转动，与太阳轮连接的MG1发电给电池充电，如图3-16所示。

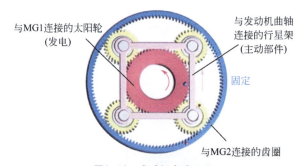

图3-16　发动机怠速工况

车辆起步时，发动机停转，行星架被固定；MG2驱动行星齿轮齿圈，推动车辆前进，此时，MG1处于空转状态，如图3-17所示。

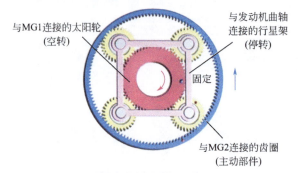

图3-17　车辆起步工况

车辆起步需要更大动力时，如驾驶员深踩油门踏板或检测到负载过大，MG1转动启动发动机，如图3-18所示。

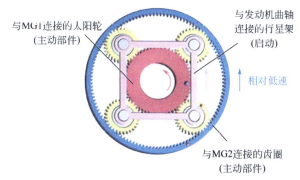

图3-18　车辆起步需要更大动力工况

车辆起步MG1发电给MG2时，发动机驱动MG1发电并供给推动MG2运转的电能，如图3-19所示。

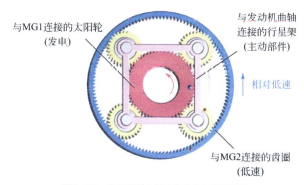

图3-19　车辆起步MG1发电给MG2工况

在轻负荷下加速时，发动机驱动MG1发电并供给推动MG2运转的电能，MG2提供附加的驱动力用以补充发动机动力；在重负荷下加速时，发动机驱动MG1发电并供给推动MG2运转的电能；MG2提供附加的驱动力用以补充发动机动力；电池会根据加速程度给MG2提供电流。车辆加速工况如图3-20所示。

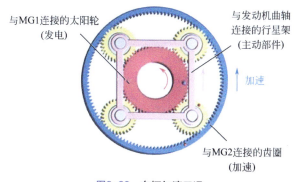

图3-20　车辆加速工况

车辆降挡（D挡）时，发动机停转，MG1空转，MG2被车轮驱动发电给电池充电，如图3-21所示。

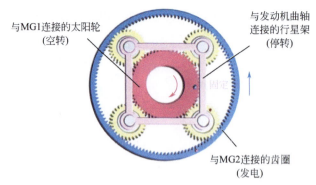

图3-21 车辆降挡（D挡）工况

车辆减速（B挡）时，MG2产生的电能供给MG1，MG1驱动发动机，此时发动机断油空转；MG1输出的动力成为发动机制动力，如图3-22所示。

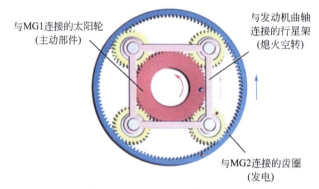

图3-22 车辆减速（B挡）工况

车辆倒车时，只使用MG2作为倒车动力，如图3-23所示。

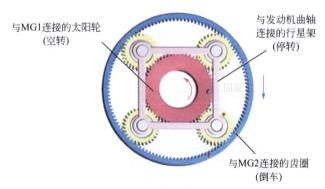

图3-23 车辆倒车工况

四、丰田第四代混合动力系统THS-Ⅳ

第四代混合动力系统THS-Ⅳ主要由MG1电机、MG2电机、行星齿轮机构、单向离合器、减振器、差速器等组成，如图3-24所示。其中，行星齿轮机构作为功率分流装置，确定发动机动力是供应给MG1电机还是用作车辆驱动力。MG2电机及其减速装置采用平行轴布局。发动机的输出轴通过一个单向离合器和一个扭转减振器与行星齿轮机构的行星齿轮架相结合；MG1电机与行星齿轮机构的太阳齿轮相连；MG2电机通过减速齿轮及从动齿轮与外齿圈相连。

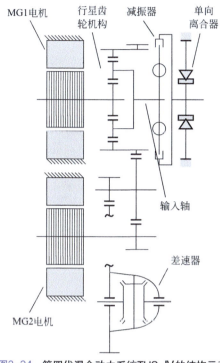

图3-24 第四代混合动力系统THS-Ⅳ的结构示意

第四代混合动力系统THS-Ⅳ具有如下特点。

① 与前几代构型不同，该构型中MG1电机和MG2电机不再处于同一轴上，而是采用了平行轴的布置，这种平行轴布置减小了轴向尺寸和重量，与双行星排的构型相比，MG2电机的减速装置为一组直齿轮，减少了齿轮啮合点，进而降低了接合损失，提升了综合效率。

② 平行轴布置中，MG2电机的减速装置具有更大的减速比，可以使用转速更高、最大转矩较小的电机。MG2电机的体积可以更小，使得平行轴结构的驱动桥相比上一代宽度并没有增加。

③ 发动机和行星齿轮架之间通过单向离合器进行连接，单向离合器反向旋转时可以锁止行星架，实现整车的双电机驱动，提高了整车在纯电动模式的动力性。

④ 采用了电动油泵，改进了冷却、润滑结构，提升了冷却和润滑效果。

配置丰田第四代混合动力系统的车辆拥有四种实际工作模式，分别为纯电驱动模式、混合驱动模式、驻车充电模式和制动能量回收模式。

1. 纯电驱动模式

纯电驱动模式分为单电机驱动和双电机驱动。单电机驱动时，MG2电机作为整车动力源，转矩为正，带动车辆前进，转速为正；发动机不工作，由于本身阻力较大，转速几乎为0；MG1电机不输出转矩，转速满足行星排传动关系，以负方向随转，如图3-25所示。图中K代表外齿圈齿数与太阳轮齿数之比；S代表太阳齿轮；C代表行星齿轮架；R代表外齿圈。

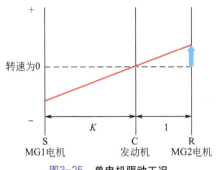

图3-25 单电机驱动工况

双电机驱动工况下，MG2电机输出正向转矩，驱动车辆前进，转速为正；MG1电机转速方向为负，同时转矩方向也为负，根据行星齿轮传动关系，传递至齿圈端的转矩方向为正，与MG2电机共同驱动车辆；发动机不工作，受MG1电机负转矩影响有负向转动趋势，触发单向离合器锁止，发动机转速保持为0，如图3-26所示。相比单电机电动、双电机驱动的总转矩更大，动力性更强，多出现在急加速和爬坡工况。

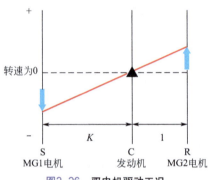

图3-26 双电机驱动工况

2. 混合驱动模式

混合驱动模式分为低速混合驱动工况和高速混合驱动工况。低速混合驱动行驶，在设定模式为EVAuto或HV时，车速较低，车辆实际工作模式为混合驱动模式，发动机、MG1电机和MG2电机均参与驱动。发动机启动，输出正向转矩，并传递至太阳轮和齿圈；MG1电机输出负转矩平衡发动机传递到太阳轮处的转矩，同时由于车速较慢，转速为正，为发电状态；MG2电机输出正转矩，与发动机传递至齿圈端的转矩耦合，共同驱动车辆，为电动状态，如图3-27所示。

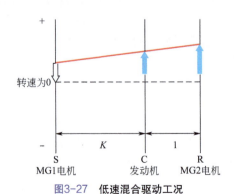

图3-27 低速混合驱动工况

高速混合驱动行驶，在设定模式为EV、EVAuto或HV时，车速较快，车辆实际工作模式为混合驱动模式，发动机、MG1电机和MG2电机均参与驱动。发动机启动，输出正向转矩，并传递至太阳轮和齿圈；MG1电机输出负转矩平衡发动机传递到太阳轮处的转矩，同时由于车速较快，行星排运行超过机械点，MG1电机转速变为负向，功率为正，处于电动状态；为维持电池电量，MG2电机输出负转矩，为发电状态，与发动机传递至齿圈端的转矩耦合，如图3-28所示。

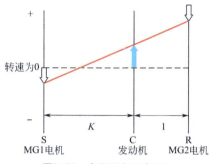

图3-28　高速混合驱动工况

3. 驻车充电模式

在设定工作模式为CHG时，保持挡位为P挡，车辆进入驻车充电模式，如图3-29所示。

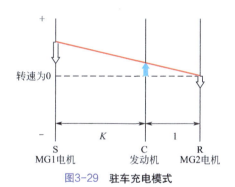

图3-29　驻车充电模式

4. 制动能量回收模式

发动机停止工作，转速、转矩均为0；MG2电机输出负转矩，对车辆产生制动作用，同时转速为正，处于发电状态，对动力电池充电；MG1转速为负转速，不输出转矩，如图3-30所示。

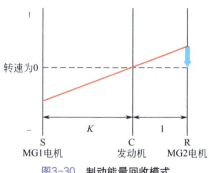

图3-30　制动能量回收模式

混合动力系统除了前置前驱使用外，丰田还研制出针对后轮驱动车型的混合动力变速器。它是用于直置发动机后轮驱动的混合动力变速器，被称为"Multi Stage Hybrid"，译成中文为"多级混合"。除了一样拥有MG1电机和MG2电机及中间的行星齿轮机构这种典型的丰田E-CVT结构以外，输出也增加了一个4前速变速器，能模拟10个挡位，获得更低的传动比来获得更灵活的加速性能和最高车速。

如图3-31所示，前面就是传统的MG1、PSD和MG2的串联机构，之后输出端再接一个4速变速器，可以模拟10个挡位。

图3-31 丰田后驱混合动力变速器

五、丰田普锐斯混合动力汽车行驶模式

丰田普锐斯混合动力汽车行驶模式主要分为纯电驱动模式、油电混合驱动模式和能量回收模式。

1. 纯电驱动模式

纯电驱动模式在低速行驶且动力蓄电池电量足够的情况下开启。纯电驱动模式下，通过转换器和逆变器将动力蓄电池内的直流电转换为交流电，以高电压输出驱动MG2电机，MG2电机旋转的同时带动齿圈，通过齿圈将动力输出到车轮，驱动车辆行驶，如图3-32所示。

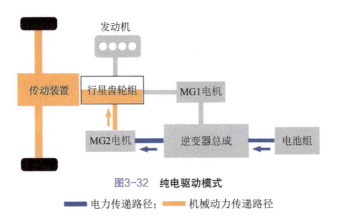

图3-32 纯电驱动模式

━━ 电力传递路径；━━ 机械动力传递路径

2. 油电混合驱动模式

油电混合驱动模式是在日常行驶中比较主要的驱动模式，当系统检测出油门踏板较深或者负载较大的时候，发动机启动，一部分动力给到齿圈以直接驱动车辆，另一部分动力分配给MG1电机，MG1电机产生动力用来驱动MG2电机辅助行驶，如图3-33所示。

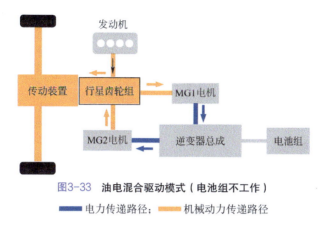

图3-33　油电混合驱动模式（电池组不工作）

━━ 电力传递路径； ━━ 机械动力传递路径

当发动机高速运转时，输出的能量过剩，这时发动机通过行星齿轮驱动MG1电机（发电机）旋转，将那些多余的能量转换成电能储存在电池组中，如图3-34所示。

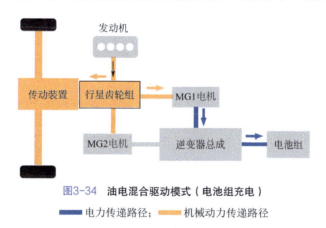

图3-34　油电混合驱动模式（电池组充电）

━━ 电力传递路径； ━━ 机械动力传递路径

在车辆需要强劲动力（如爬陡坡或、超车）时，发动机和电池组同时向电机提供能量，增大电机的驱动力，提高车辆的动力性，如图3-35所示。

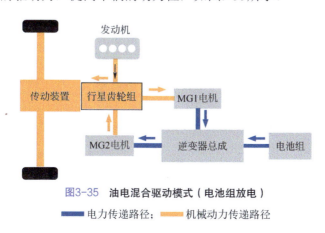

图3-35　油电混合驱动模式（电池组放电）

━━ 电力传递路径； ━━ 机械动力传递路径

3. 能量回收模式

当车辆制动或减速时，混合动力系统使车轮的旋转力带动MG2电机旋转，将其作为发电机使用，将摩擦散热所损失的能量转化为电能，并储存在电池组中，如图3-36所示。

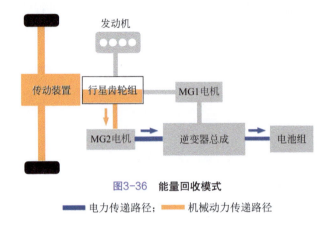

图3-36　能量回收模式
━━ 电力传递路径；━━ 机械动力传递路径

普锐斯混合动力汽车可以根据以下行车过程进行省油原理说明。

① 在日常市区行车过程中，车辆能够在发动机及电力驱动之间无缝切换，只有一半时间发动机会启动。

② 车辆停止，发动机/电机关闭，车内电气（包括空调）电力需求由混合动力电池组供应，避免传统燃油车怠速耗油。

③ 低速行驶及堵车蠕行，在电量充足的情况下发动机关闭，由电机驱动车辆前行，避开低效率的发动机工况。

④ 中低速行车时，一般发动机难以达到经济燃效区间，而混合动力发动机会在保持动力输出的情况下带动电机发电产生额外做功，从而工作在接近高效燃效区间。

⑤ 中速行驶时（速度低于78km/h），PCU会根据行车情况关闭发动机进入纯电滑行状态。而在用电巡航的情况下，根据行星齿轮机构原理，电机也会转动产生电力，只不过充电没有用电快，所以难以体现。

⑥ 高速行驶时（速度为78~110km/h），发动机已工作在最佳工况区间，在提速时电机会短暂进行动力输出，以降低发动机瞬间动力需求并维持运行在最佳燃效区间，从而减少发动机喷油量。

⑦ 在高速公路行驶时（速度110km/h以上），速度越快会越偏离最佳燃效区，即使在巡航状态电机也会进行动力补偿，从而降低发动机转速降低油耗。阿特金森循环发动机热效率高，出入匝道/服务区/收费站/高速堵车等利用电机驱动，以及上高速公路前在市区内行驶时比传统燃油车省油，离开高速后若电量充沛可以进行较长距离用电巡航，空调也由混合动力电池组供电，在高速公路上若电量充沛，则无须发动机额外做功带动空调压缩机增加油耗，所以在高速公路上行驶也会比传统燃油车油耗更低。

⑧ THS并不是固定MG1电机充电而MG2电机提供动力，ECU会根据车辆行驶状态进行调整。在巡航时MG1电机会转变电动机，逆时针转动配合发动机驱动前行，而MG2电机则转为发电机状态；在滑行（完全松开油门）/下坡时两个电机同时转变为发电机状态给电池组充电。

⑨ 在减速/下坡时，轻刹进行动能回收，混合动力在电量充足的情况下满足各种红

绿灯停车/电气用电/蠕行/滑行需求，汽油车型则没有动力回收而动力白白损耗。

⑩ 在急加速时，MG1电机会成为电动机并正向旋转至最大转速，以便让发动机进入峰值转矩驱动车辆；而MG2电机也从电池组取电，以峰值功率驱动车辆前进。实际上整个加速过程是两个电机和发动机共同输出转矩驱动车辆。

⑪ PCU动力控制单元会根据油门开度将发动机和电机输出进行控制，让发动机处于最接近最佳热效率工况驱动车辆。

第二节 本田混合动力汽车技术

本田混合动力汽车技术主要有IMA混合动力系统、i-DCD混合动力系统、i-MDD双电机混合动力系统和SH-AWD混合动力系统。

一、本田IMA混合动力系统

1997年，本田开发出第一代整体式电机辅助（Integrated Motor Assist, IMA）混合动力系统。1999年，搭载第一代IMA系统的本田Insight上市，至今已发展到第六代IMA。IMA是典型的并联式混合动力系统。

1. 本田IMA混合动力系统的组成

本田IMA混合动力系统主要由发动机、电机、CVT变速器以及智能动力单元（IPU）组成，如图3-37所示。电机取代了传统的飞轮用于保持曲轴的运转惯性。整套系统的结构非常紧凑，与传统汽车相比仅是IPU模块占用了额外的空间。

IMA混合动力系统的发动机通过搭载本田的i-VTEC（气门正时及可变技术）、i-DSI（双火花塞顺序点火技术）以及VCM（可变气缸技术）来达到降低油耗的目的。本田CR-Z采用的是顶置单凸轮轴1.5L的i-VTEC发动机，峰值功率为83kW，峰值转矩为

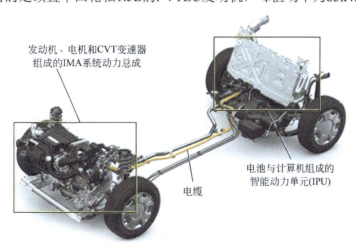

图3-37 本田IMA混合动力系统

145N·m，实测百公里油耗约为5.4L。

IMA混合动力系统的电机安装在发动机与变速器之间，由于电机较薄且结构紧凑，行内人俗称"薄片电机"。CR-Z上采用的薄片电机峰值功率为10kW，峰值转矩为78N·m。显然，这样的电机只能起到辅助的作用。由于IMA系统能够在特定情况下（如低速巡航）单独驱动汽车，因此被划分到中型混合动力汽车行列。

IMA系统的变速器采用的是普通7速CVT变速器。

IMA混合动力系统的动力总成如图3-38所示。

图3-38　IMA混合动力系统的动力总成

IMA混合动力系统的智能动力单元（IPU）由动力控制单元（PCU）和电池组成，如图3-39所示。其中PCU又由电池监控模块（BCM）、电机控制模块（MCM）以及电机驱动模块（MDM）组成，电池为镍氢电池组。

图3-39　智能动力单元

2.本田IMA混合动力系统工作模式

本田IMA混合动力系统工作模式主要有起步加速、急加速、低速巡航、轻加速和高速巡航、减速或制动以及停车模式。

（1）起步加速模式　起步加速时，发动机以低速配气正时状态运转，同时电机提供辅助动力，以实现更好的加速性能和更低的油耗，如图3-40所示。

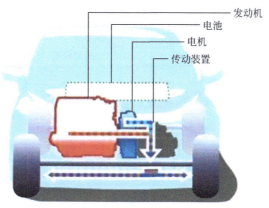

图3-40　起步加速模式

（2）急加速模式　急加速时，发动机以高速配气正时状态运转，此时电池给电机供电，电机与发动机共同驱动车辆，提高整车的加速性能，如图3-41所示。

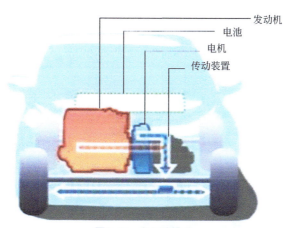

图3-41　急加速模式

（3）低速巡航模式　低速巡航时，发动机的四个气缸的进排气阀全部关闭，发动机停止工作，车辆以纯电动方式驱动车辆，实现真正的零排放，如图3-42所示。

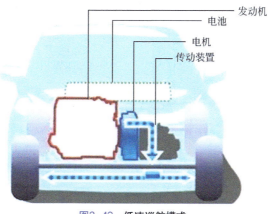

图3-42　低速巡航模式

（4）轻加速和高速巡航模式　轻加速和高速巡航时，发动机以低速配气正时状态运转，此时发动机工作效率较高，单独驱动车辆，电机不工作，如图3-43所示。

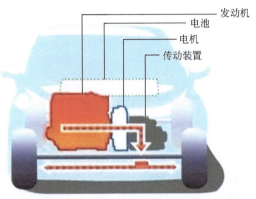

图3-43　轻加速和高速巡航模式

（5）减速或制动模式　减速或制动时，发动机关闭，电机此时以发电机方式工作，将机械能最大限度地转化为电能，储存到电池中，如图3-44所示。车辆制动时，制动踏板传感器给IPU一个信号，计算机控制制动系统，使机械制动和电机能量回馈之间制动力协调，以得到最大限度的能量回馈。

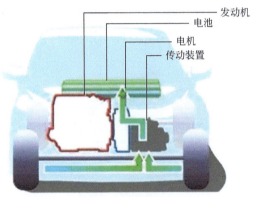

图3-44　减速或制动模式

（6）停车模式　停车时，发动机自动关闭，减少燃料损失和排放，电机关闭，如图3-45所示。当制动踏板松开时，发动机自动启动。

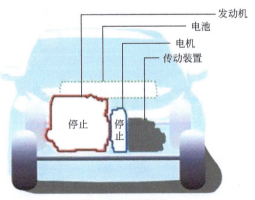

图3-45　停车模式

二、本田i-DCD混合动力系统

本田在IMA之后同时发布三种混合动力技术路线，分别为i-DCD、i-MMD以及SH-AWD，分别适配小型车、中型车和大型车。

本田智能双离合驱动（Intelligent Dual Clutch Drive, i-DCD）混合动力系统定位于小型车和紧凑型车，当前实际应用在本田FIT、CITY和JAZZ的混合动力车型上。

1. i-DCD混合动力系统组成

i-DCD混合动力系统主要包括发动机、内置单电机的7速双离合变速器、IPU、电动空调压缩机、电动伺服制动系统等，如图3-46所示。其中1.5L发动机峰值功率为81kW，峰值转矩为134N·m；电机为交流永磁同步电机，最大输出功率为22kW，峰值转矩为160N·m；混合动力系统综合最大输出功率为101kW，峰值转矩为170N·m。电池采用锂离子电池，容量为0.86kW·h。

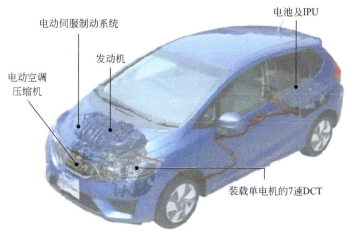

图3-46 i-DCD混合动力系统

i-DCD混合动力系统匹配的不再是IMA系统中的CVT变速器，而是7速双离合变速器，以此可同时实现出色的驾驶动力性与燃油经济性。系统的核心也正是这款内置单电机的7速双离合变速器。双离合变速器通过交替使用两个离合器来执行换挡，可实现动力不流失及无迟滞的快速换挡。简单的齿轮结构可最大限度地减少动力损失，提高燃油效率。电机的体积非常小，直接连接在双离合变速器主轴的后端。

i-DCD混合动力系统的变速器结构如图3-47所示，其变速器原理如图3-48所示。

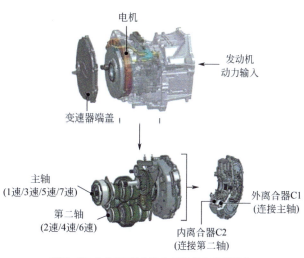

图3-47 i-DCD混合动力系统的变速器结构

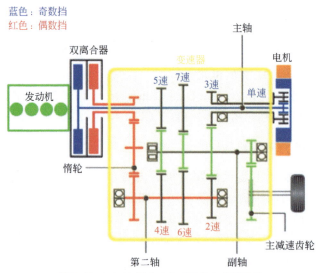

图3-48　i-DCD混合动力系统的变速器原理

因此，i-DCD混合动力系统实际上就是一个单电机外加双离合变速器的P3混合动力系统。

2. i-DCD混合动力系统工作模式

i-DCD混合动力系统可实现三种不同的驾驶模式，即纯电驱动模式、混合驱动模式和发动机驱动模式。

（1）纯电驱动模式　起步加速或低速行驶（≤60km/h）时，发动机不工作，仅使用电机工作，如图3-49所示。

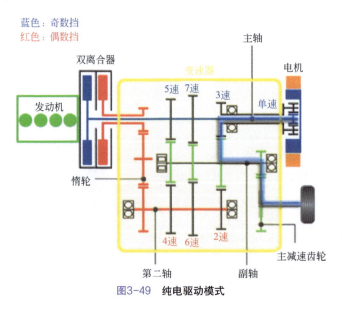

图3-49　纯电驱动模式

（2）混合驱动模式　加速行驶时，在电机工作的基础上，发动机也开始工作，进入混合动力驱动模式，如图3-50所示。

（3）发动机驱动模式　高速行驶时，处于发动机的高效运作区间，此时电机不工作，仅使用发动机工作，如图3-51所示。

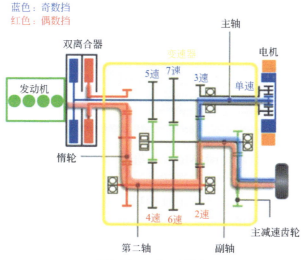

图3-50 混合驱动模式

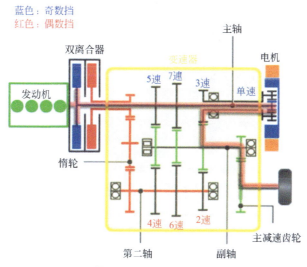

图3-51 发动机驱动模式

减速或制动时,发动机停止工作,车辆进行能量回收,为电池组充电。

三、本田i-MMD双电机混合动力系统

1. 本田i-MMD双电机混合动力系统组成

本田智能化多模式驱动(Intelligent Multi Mode Drive, i-MMD)双电机混合动力系统主要由2.0L阿特金森循环双顶置凸轮轴可变气门(DOHC i-VTEC)汽油发动机、高功率双电机(电控CVT)、控制双电机工作的动力控制单元(PCU)以及由高功率锂离子电池和DC/DC变换器等构成的智能动力单元(IPU)组成,如图3-52所示,可以在电动、混合动力、发动机三种驱动模式之间平顺切换,节能优势突出,实现了同级别全球最高水平的燃油经济性,并且加速迅敏,具备卓越的运动性能。

图3-52　本田i-MMD双电机混合动力系统

如图3-53所示为第三代本田i-MMD双电机混合动力系统，它和第二代i-MMD混合动力系统在结构以及工作原理上是没有变化的，同样都使用2.0L阿特金森循环发动机+双电机+锂离子电池组。只是在第三代的i-MMD双电机混合动力系统上优化了2.0L阿特金森循环发动机，使得发动机的热效率达到了40.6%；并且智能动力单元（IPU）比第二代体积减小了32%，同时还使用了本田开发的不含重稀土磁铁电机。发动机峰值功率为107kW，峰值转矩为175N·m。

图3-53　第三代本田i-MMD双电机混合动力系统

双电机是本田i-MMD双电机混合动力系统的主要动力部分，与传统类型相比，输出和转矩得到了改善，并且进一步实现了小型化。驱动用电机是高功率、高转矩输出，启动后立即进行强劲、平顺和响应灵敏的驱动，减速时也会进行高效的能量再生；发电用电机是利用发动机动力进行高效发电，向驱动用发电机提供电力，同时也给电池充电。双电机如图3-54所示。发电机始终与发动机相连，主要用于发电，驱动电机与驱动车轮相连，主要用于驱动车辆行驶，在制动的时候，电机可以回收能量对电池进行充电。

图3-54　双电机

动力控制单元（PCU）能自动控制电流和电压，内置紧凑型变换器可将电池产生的电压最高提升至700V，如图3-55所示。

图3-55　动力控制单元

锂离子电池通过再生减速的电能和发动机的动力，储备发电电力并提供给驱动电机，它具有密度高、重量轻、体积小、输出功率高等特点，如图3-56所示。

图3-56　锂离子电池

本田i-MMD双电机混合动力系统组成示意如图3-57所示。

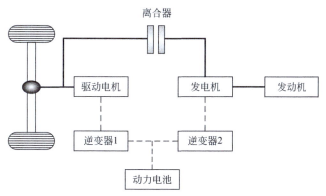

图3-57　本田i-MMD双电机混合动力系统组成示意
——机械能；- - -电能

在高速巡航期间，发动机输出轴直联式离合器直接连接车轮，并进入发动机驱动模式，通过设定与手动变速器中最高挡位相匹配的高速行驶挡位和简单的动力传递路径，将阿特金森循环中的高效驱动最大化利用。发动机直联式离合器如图3-58所示。

图3-58 发动机直联式离合器

2. 本田i-MMD双电机混合动力系统工作模式

本田i-MMD双电机混合动力系统的工作模式主要有纯电驱动模式、混合动力驱动模式和发动机驱动模式。

（1）纯电驱动模式　车辆在起步和中低速巡航工况，由电池为驱动电机供电，仅以驱动电机驱动车辆前行。在纯电驱动模式下，动力系统能量传递如图3-59所示的箭头方向。在纯电驱动模式下，发动机不工作发电机与逆变器2之间没有电能传递；动力分离装置离合器断开，驱动车辆行驶的能量直接来源于动力电池，动力电池储存的电能经由逆变器1提供给驱动电机，驱动电机驱动车辆前进或者后退。在车辆制动时，所产生的能量将被回收充入动力电池内进行储存。

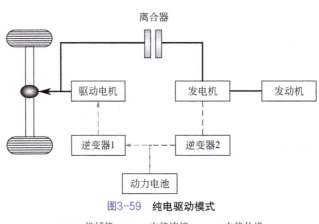

图3-59 纯电驱动模式

—— 机械能；---- 电能连接；--▶ 电能传递

（2）混合动力驱动模式　如遇加速请求，由发动机驱动发电机，将产生的电力供应给驱动电机，驱动车辆前行。在混合动力模式下，混合动力系统能量传递如图3-60所示的箭头方向。在混合动力驱动模式下，仍由驱动电机驱动车轮，虽然发动机工作但动力分离装置离合器断开，发动机只负责发电，不直接参与驱动，发动机运行在能发挥最高效率的转速区间内，通过发电机向驱动电机输送电能，产生足够多的电能可以为动力电池充电。车辆需要急加速时，动力电池可以输出额外的电能给驱动电机，使驱动电机瞬时产生大转矩输出。在车辆减速制动时，可为动力电池提供额外的能量回收。

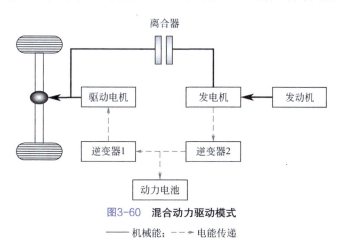

图3-60　混合动力驱动模式
—— 机械能；--→ 电能传递

（3）发动机驱动模式　高速巡航工况，发动机直接连接离合器将动力传输到车轮，驱动车辆前行。在发动机驱动模式下，动力系统能量传递如图3-61所示的箭头方向。在发动机驱动模式下，发动机工作时动力分离装置离合器处于闭合状态，驾驶员直接控制油门，发动机输出转矩，并通过传动机构将动力直接传递给车轮。动力电池一般情况下处于待机状态，为了在加速时提供更大的动力，在需要大转矩输出的时候可提供电能给驱动电机，让驱动电机和发动机共同驱动车辆。

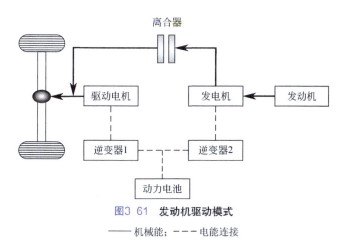

图3-61　发动机驱动模式
—— 机械能；--- 电能连接

从整车燃油经济性考虑，在不同的工况下，采用合适的驱动模式，使得发动机运行在最小有效燃油消耗率曲线上，通过三种模式之间的合理切换，可提高从发动机到驱动轴之间的能量传输效率，如图3-62所示。在起步和低速行驶时，采用纯电驱动模式，以避免发动机在低负载工况下运行增加油耗。在中速行驶时，采用纯电动和混合动力驱动模式为主适时切换，使发动机效率和动力电池充放电之间达成平衡。在高速行驶时，采用纯电驱动模式和发动机驱动模式为主适时切换，能量的传输更加直接及效率更高。

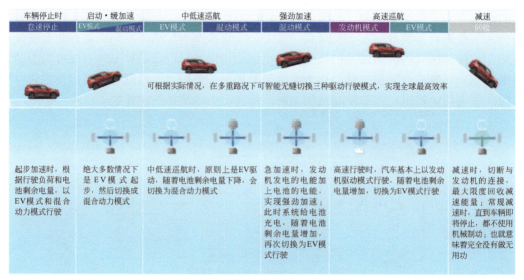

图3-62 行驶模式的切换

本田i-MMD双电机混合动力系统在本田系列车型中应用广泛，如凌派锐混合动力汽车、雅阁锐混合动力汽车、CR-V锐混合动力汽车、皓影锐混合动力汽车、艾力绅锐混合动力汽车、奥德赛锐混合动力汽车等。

凌派锐混合动力汽车如图3-63所示，其底盘如图3-64所示。

凌派锐混合动力汽车搭载的第三代i-MMD混动系统在很多方面得到了进一步提升。峰值功率80kW的1.5L阿特金森自然吸气发动机，进气道形状、燃烧室表面积/容积比经过了缩小化，同时喷射、冷却系统和活塞等多方面的改善，最大热效率达到40.5%。综合油耗仅4.0L/100km。凌派锐混合动力汽车拥有纯电动模式、混合动力驱动

图3-63 凌派锐混合动力汽车

图3-64 凌派锐混合动力汽车底盘

模式和发动机驱动模式。系统会针对不同的行驶路况条件，自动进行切换。

本田CR-V混合动力汽车采用i-MMD混合动力系统，由一台2.0L阿特金森发动机和双电机组成，如图3-65所示。发动机峰值功率为107kW，峰值转矩为175N·m；驱动电机峰值功率为135kW，峰值转矩315N·m；E-CVT变速器；油箱容积为57L，油耗为4.8L/100km，理论续驶里程为1187km。该混合动力系统共有三种驱动模式：纯电驱动模式，起步、低速时使用；混合动力驱动模式，电池电量充足时由电机驱动，电量不足时启动发动机发电驱动；发动机驱动模式，高速巡航时使用。

图3-65　本田CR-V混合动力汽车

四、本田SH-AWD混合动力系统

本田运动化混合动力超凡操控全轮驱动（Sports Hybrid-Super Handling-All Wheel Drive，SH-AWD）混合动力系统主要包括发动机、内置单电机的7速双离合变速器、电动空调压缩机、电动伺服制动系统、双电机单元（TMU）、智能能量单元（IPU）、电机驱动逆变单元PDU等。

讴歌混合动力汽车属于四轮驱动，其结构示意如图3-66所示。发动机为本田3.5L V6VCM发动机；前部34.5kW的电机集成在7速双离合变速器中，位于后桥的双电机可

图3-66　讴歌混合动力汽车结构示意

以为后轮分配驱动力以及制动力（再生制动）；在双电机上方布置了1.3kW·h/260V的锂离子电池组。

双电机单元可以通过两个电机为左右后轮分配驱动力与制动力，如图3-67所示。

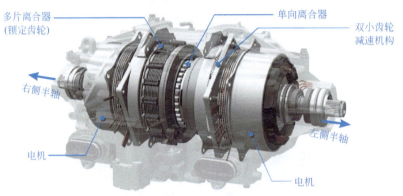

图3-67 双电机单元

SH-AWD混合动力系统拥有纯电机驱动、发动机驱动、发动机+电机驱动、电子四驱、能量回收等多种行驶模式，如图3-68所示。

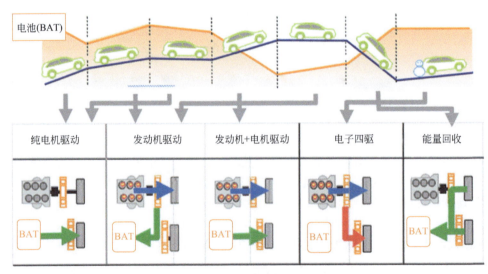

图3-68 SH-AWD混合动力系统行驶模式

（1）纯电机驱动模式　在纯电机驱动模式下，发动机不工作，由集成在变速器中的电机与后桥双电机直接驱动车辆。

（2）发动机驱动模式　在发动机驱动模式下，发动机驱动前轮，并且通过集成在变速器中的电机为电池充电。

（3）发动机+电机驱动模式　在发动机+电机驱动模式下，发动机驱动前轮，双电机单元依赖电池的电量驱动后轮，爆发出峰值转矩。

（4）电子四驱模式　在电子四驱模式下，发动机驱动前轮的同时，带动变速器内的电机发电；后桥双电机单元依赖前电机发电能量，持续驱动后轮实现全时四驱模式。

（5）能量回收模式　制动或减速时，发动机不工作，集成在变速器中的电机和后桥双电机均进行能量回收。

第三节 通用混合动力汽车技术

一、通用沃蓝达混合动力系统

1. 通用沃蓝达混合动力系统的组成

通用沃蓝达混合动力系统属于串联式混合动力系统,也称为增程式动力系统,如图3-69所示,它由一台68kW、126N·m的1.4L阿特金森直列四缸汽油发动机和111kW、370N·m的电机组成。车辆的全部动力由电机输出,当电池电量不足时,再启动汽油发动机给电池充电。另外沃蓝达使用了可插电式充电技术,可以使用一般的220V家用电源充电,充电完成后,可最大续航为80km,最高速度为160km/h。

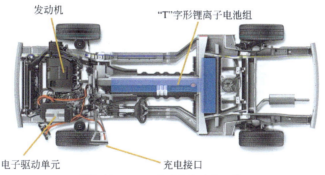

图3-69 通用沃蓝达混合动力系统

沃蓝达动力系统由一台1.4L的阿特金森发动机、一台发电机(可转换成电动机)、一台电机三个单元组成,如图3-70所示。它们通过一组行星齿轮组与三个电控离合器

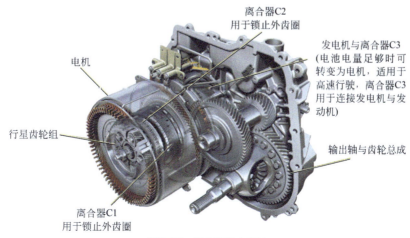

图3-70 沃蓝达动力系统

连接,其中发动机通过离合器C3连接发电机,发电机通过离合器C2连接行星齿轮外齿圈,而电机则刚性连接在太阳轮上,其中离合器C1并不连接任何单元,用途是锁止行星齿轮的外齿圈,而行星齿轮组中的行星架则刚性连接着输出轴,传动比例为7:1。

2. 通用沃蓝达混合动力系统行驶模式

通过离合器的控制可以完成纯电动和纯燃油模式的转换,这两种模式还可以细分为四种工作模式,分别为纯电动低速单一电机行驶模式、纯电动高速双电机行驶模式、纯燃油低速单一电机行驶模式、纯燃油高速双电机行驶模式。

(1)纯电动低速单一电机行驶模式 在该行驶模式下,发动机处于关闭状态,离合器C1锁止行星齿轮外齿圈,离合器C2与C3都处于松开状态,此时电池输出电量至电机驱动行星齿轮的太阳轮,由于行星齿轮的外齿圈锁止,所以全部动力均输出至行星架,通过行星架输出至输出轴再到车轮,如图3-71所示。

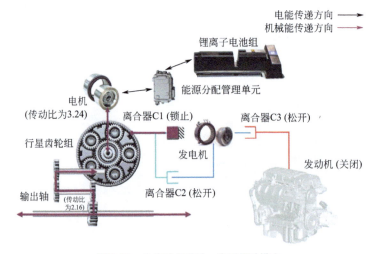

图3-71 纯电动低速单一电机行驶模式

这种传动方式非常简单,由于没有任何变速机构,所以车速与电机的转速有直接关系,当车辆达到较高时速时,电机也只能被迫进入高转速的低能效工况,针对阵这种情况设计了高速双电机行驶模式。

(2)纯电动高速双电机行驶模式 在该行驶模式下,发动机依然处于关闭状态,系统会锁止离合器C2,从而把发电机(可转换成电机)与行星齿轮的外齿圈连接,然后松开离合器C1,此时电子系统会把发电机转换成小电机,然后电池组供电给电机与小电机(发电机转换而成)分别驱动太阳轮以及外齿圈,以达到共同驱动行星架的目的,如图3-72所示。

此时由于传动比例的变化,电机可以大幅度降低转速,协同了小发电机一同工作又不用担心改变齿比后转矩与功率的不足,在高速行驶模式下,该种工况可以比单一的电机驱动工况让沃蓝达多行驶1.6~3.2km的里程。

(3)纯燃油低速单一电机行驶模式 此时发动机处于启动状态,离合器C1、C3锁止,离合器C2松开,这种工况就大致如同电动模式下的单一电机行驶模式,唯一的区别是锁止的离合器C3连接了发动机与发电机,从而进行发电,产生的电量供给能源管理模块后会再次供给电机驱动整部车辆,如图3-73所示。

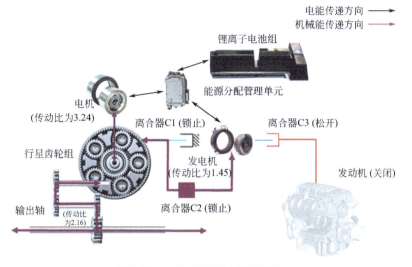

图3-72 纯电动高速双电机行驶模式

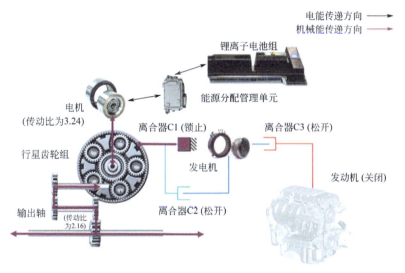

图3-73 纯燃油低速单一电机行驶模式

由于电池能源用完,此时发动机会启动从而带动发电机工作,进而产生的电量再供给电机使用,此工作模式也是沃蓝达的增程式模式。当然这种单一电机的启动模式一样会存在高转速低能效的问题,所以针对增程模式同样设计了双电机模式。

(4)纯燃油高速双电机行驶模式 在纯燃油下的双电机模式,离合器C1松开,从而让行星齿轮的外齿圈可以被驱动,待电机转速降低、发电机转速上升之后,也可以说整个系统的转速在行星齿轮组得到匹配之后,离合器C2、C3锁止,进而把发动机、电机都锁止在外齿圈上,此时三个动力系统的单元都被刚性连接,均可以输出动力到车轮,但此时电机依然是主要做功机构,发动机主要带动发电机产生电能,以及输出少量的动能到齿轮组驱动车轮,但由于整个行星齿轮组系统拥有配速功能,所以发动机的转速与车轮转速可以没有直接关系,如图3-74所示。

该种模式主要应对纯燃油模式在高速行驶时的工况,三个单元同时介入可以让其比单一电机工况能源效率提升10%~15%。

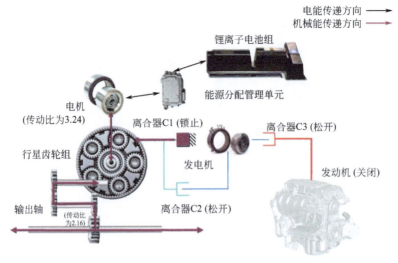

图3-74 纯燃油高速双电机行驶模式

二、别克君越30H车混合动力系统

1. 别克君越30H车混合动力系统的结构

别克君越30H车混合动力系统主要由1.8L缸内直喷汽油发动机（型号为LNK）、电控智能无级变速器（EVT）、高压锂离子电池组总成等组成，如图3-75所示。

图3-75 别克君越30H车混合动力系统

（1）LNK发动机　LNK发动机采用阿特金森循环，排量为1.8L，气缸直径和冲程分别为80.5mm、88.2mm，缸体材料为铸铁，缸盖材料为铸铝，压缩比为11.5∶1，配气机构为双顶置凸轮轴，每个气缸有4个气门，点火系统为单缸独立点火，燃油供给方式为缸内直喷，峰值功率为94kW，峰值转矩为175N·m。LNK发动机采用了缸内直喷、双可变气门正时（VVT）、双级可变排量机油泵、水冷式废气再循环（EGR）系统及排气热交换器等技术，其目的是为了进一步提高发动机的燃油经济性。

（2）电控智能无级变速器　电控智能无级变速器如图3-76所示，它是混合动力系统的核心部件，其内部集成了2个驱动电机/发电机、2组行星齿轮机构、2组离合器、扭转减振器、电源转换模块等部件，其中2个驱动电机/发电机和2组行星齿轮机构同轴布置。该变速器可以实现4种不同的驱动模式。

图3-76　电控智能无级变速器

① 2个驱动电机/发电机。2个驱动电机/发电机均为三相永磁同步电机，电机采用条形绕组结构，如图3-77所示，相比圆形绕组，其直流阻抗更低，同时具有更好的散热特性。

图3-77　驱动电机/发电机

驱动电机/发电机A安装在变速器的后部，主要作为发电机使用，高速驱动模式下也可以参与驱动。另外，在车辆静止或行驶中，它也可以作为起动机使用，倒拖启动发动机。驱动电机/发电机A峰值功率为54kW，峰值转矩为140N·m。

驱动电机/发电机B安装在变速器的前部，主要作用是驱动车辆，在车辆滑行或制动时，作为发电机使用，回收制动能量。驱动电机/发电机B的峰值功率为60kW，峰值转矩为275 N·m。驱动电机/发电机B外壳上安装了输出转速传感器，用于检测输出齿轮的转速和旋转方向。

为了实现对电机进行矢量控制，需精确测量电机转子的转速、转向及位置，为此，每个驱动电机/发电机上均安装了电机转速/位置传感器。电机转速/位置传感器采用了旋转变压器的结构形式，由3个定子线圈（励磁线圈、正弦绕组、余弦绕组）和转子（随电机转子同步旋转）组成。

② 2组行星齿轮机构。2组行星齿轮机构分别为输入行星齿轮机构和输出行星齿轮

机构。输入行星齿轮机构安装在变速器前端，其主要部件有输入太阳轮、输入内齿圈和输入行星架，如图3-78所示。输入太阳轮通过其驱动轴的花键直接连接在驱动电机/发电机A的转子上；输入内齿圈外部连接在扭转减振器上；输入行星架通过链条连接至主减速器输入齿轮且输出动力，并与输出行星架花键连接；驻车锁止结构的棘轮集成在输入行星齿轮架上。

(a) 输入太阳轮　　　　　　(b) 输入内齿圈　　　　　　(c) 输入行星架

图3-78　输入行星齿轮机构

输出行星齿轮机构安装在变速器的后端，其主要部件有输出太阳轮、输出内齿圈和输出行星架，如图3-79所示。输出太阳轮直接连接在驱动电机/发电机B的转子上，输出内齿圈通过低速离合器可以被固定在壳体上，输出行星架通过花键与输入行星架连接在一起并输出动力。

(a) 输出太阳轮　　　　　　(b) 输出内齿圈　　　　　　(c) 输出行星架

图3-79　输出行星齿轮机构

③ 2组离合器。2组离合器分别为高速离合器和低速离合器，如图3-80所示，两者均为液压驱动多片式离合器。高速离合器安装在驱动电机/发电机A的转子上，高速离合器接合后，可以将驱动电机/发电机A与输出内齿圈连接在一起；低速离合器安装在变速器中部，低速离合器接合后，可以将输出内齿圈与变速器的壳体连接，从而将输出内齿圈固定。

(a) 高速离合器　　　　　(b) 低速离合器

图3-80　离合器

④ 扭转减振器。扭转减振器如图3-81所示,扭转减振器内含一个扭转减振器旁通离合器,它安装在在变速器的前端,通过一个离合器接盘直接安装在发动机飞轮上,其主要功能是在发动机和变速器之间传递动力。当发动机向变速器传递动力时,离合器分离,扭转减振器工作,使动力传递更加平顺;在启动工况时,离合器接合,将扭转减振器旁通,变速器内的驱动电机/发电机A驱动发动机,以快速启动发动机。

图3-81　扭转减振器

⑤ 电源转换模块。电源转换模块如图3-82所示,集成在变速器内部,电源转换器模块内部集成了混合动力控制模块(HPCM)和3个电机控制模块。HPCM的主要作用是控制电机的运行模式,与位于高压锂离子电池组总成内的混合动力控制模块2(HPCM2)通信,并确定内部高压启用与停用。3个电机控制模块分别用于控制驱动电机/发电机A、驱动电机/发电机B和电动液压油泵。电机控制模块内部有大功率的绝缘栅双极型晶体管(IGBT),负责接收HPCM的指令,并对电机的转动方向、速度、转矩等进行控制;同时,电机控制模块需实时采集电机的电压、电流及温度信息,并传输给HPCM和组合仪表,由组合仪表显示当前车辆的运行参数。

图3-82　电源转换模块

(3)高压锂离子电池组总成　高压锂离子电池组总成如图3-83所示,主要由高压锂离子电池组、接口模块、混合动力控制模块2、接触器盒总成、手动分离器开关等组成。高压锂离子电池组总成位于乘客舱内后排座椅下方,其主要作用为:存储电能;管理高压锂离子电池组充放电电量与技术状态;控制高压锂离子电池组对外电能输出的接通与关闭;与车辆其他模块通信。

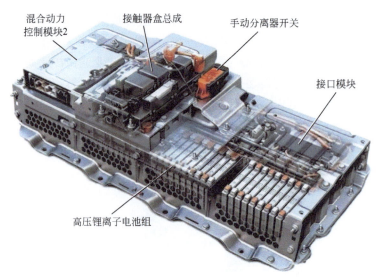

图3-83 高压锂离子电池组总成

① 高压锂离子电池组。高压锂离子电池组采用三元锂离子电池，电芯的标称电压为3.6V，标称容量为5.2A·h，每10个电芯组成一个电池单元，8个电池单元依次串联组成高压锂离子电池组。高压锂离子电池组的总电压为3.6V×10×8=288V，储存的总电能为288V×5.2A·h=1497.6W·h≈1.5kW·h。接口模块位于高压锂离子电池组的上方，每个电池单元上方设置一个接口模块，共8个。

② 接口模块。接口模块的作用是采集每个电芯的电压信号及每个电池单元的温度信号，并将这些信号传递给混合动力控制模块2。接口模块与混合动力控制模块2采用串行数据进行通信。

③ 混合动力控制模块2。混合动力控制模块2也可称为电池管理系统（BMS）模块，位于高压锂离子电池组总成的左上方，其主要作用为：与接口模块通信，获取高压锂离子电池的温度及电压等信号；采集电流传感器信号，估算高压锂离子电池的充电状态及剩余电量（SOC）；管理高压锂离子电池的充放电电压，平衡每个电芯的技术状态，从而提高电池的使用寿命；通过接口模块实现高压锂离子电池的电量平衡控制。

④ 接触器盒总成。接触器盒总成位于高压锂离子电池组总成的上方，邻近混合动力控制模块2，其内部集成了正极接触器、负极接触器、预充电继电器、预充电电阻、手动分离器开关（内含熔丝）、电流传感器等。混合动力控制模块2通过控制上述接触器和继电器，实现高压锂离子电池组的高电压输出接通和关闭。

⑤ 手动分离器开关。手动分离器开关串联接入8个电池单元的回路中，内含125A熔丝，并具有高压互锁功能。在维修车辆高压相关系统时，需先拔下手动分离器开关，断开高压锂电池组的内部回路。

2. 别克君越30H车混合动力系统的工作模式

别克君越30H车混合动力系统的传动原理如图3-84所示，其工作模式分为启动模式、驱动模式及能量回收模式，其中驱动模式又分为纯电机驱动、低速驱动、固定传动比驱动及高速驱动四种模式。

（1）启动模式　启动发动机时，扭转减振器旁通离合器接合，低速离合器和高速离合器均分离，驱动电机/发电机A起到起动机的作用。

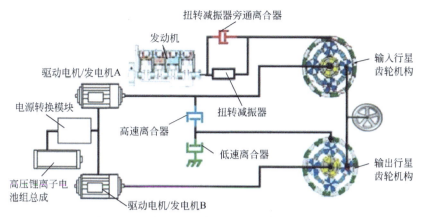

图3-84 别克君越30H车混合动力系统的传动原理

启动模式时的动力传递路线为：驱动电机/发电机A→输入行星齿轮组的太阳轮→输入行星齿轮组的内齿圈→扭转减振器旁通离合器→发动机。

（2）驱动模式

纯电机驱动模式。在纯电机驱动模式下，发动机停止工作，低速离合器接合，高速离合器和扭转减振器旁通离合器均分离。由于低速离合器接合，输出行星齿轮组的齿圈被固定，驱动电机/发电机B驱动车辆行驶。

纯电机驱动模式时的动力传递路线为：驱动电机/发电机B→输出行星齿轮组的太阳轮→输出行星齿轮组的行星架→链条传动→主减速器、差速器、半轴→车轮。

在纯电机驱动模式下，由于输出行星齿轮组的行星架转动，输入行星齿轮组的行星架也同步转动，而发动机停止转动，输入行星齿轮组的齿圈也停止转动，因此，输入行星齿轮组的太阳轮（连接驱动电机/发电机A）必须转动，此时，驱动电机/发电机A虽然转动，但是不驱动也不发电，处于空转的状态。

纯电机驱动模式时，倒挡与前进挡的动力传递路线相同，可以通过改变驱动电机/发电机B的转动方向来实现倒挡行驶。

② 低速驱动模式。车辆以纯电机驱动模式行驶，当高压锂离子电池组的电压降低到标定值时，车辆进入低速驱动模式，此时发动机自动启动，发动机带动驱动电机/发电机A发电，驱动电机/发电机B驱动车辆行驶。低速驱动模式时，低速离合器接合，高速离合器和扭转减振器旁通离合器均分离。

低速驱动模式时的动力传递路线为：驱动电机/发电机B→输出行星齿轮组的太阳轮→输出行星齿轮组的行星架→链条传动→主减速器、差速器、半轴→车轮。

发动机带动驱动电机/发电机A发电时的动力传递路线为：发动机→扭转减振器→输入行星齿轮组的内齿圈→输入行星齿轮组的太阳轮→驱动电机/发电机A→发电。

③ 固定传动比驱动模式。随着车速的提高（中速），车辆进入固定传动比驱动模式，此时，低速离合器和高速离合器均接合，扭转减振器旁通离合器分离。由于低速离合器、高速离合器均接合，因此输出行星齿轮组的齿圈、输入行星齿轮组的太阳轮均被固定在变速器的壳体上，即驱动电机/发电机A停止，而发动机、驱动电机/发电机B均参与驱动车辆。

发动机驱动车辆的动力传递路线为：发动机→扭转减振器→输入行星齿轮组的内齿圈→输入行星齿轮的行星架→链条传动→主减速器、差速器、半轴→车轮。

驱动电机/发电机B驱动车辆的动力路线为：驱动电机/发电机B→输出行星齿轮组的太阳轮→输出行星齿轮组的行星架→链条传动→主减速器、差速器、半轴→车轮。

④ 高速驱动模式。高速驱动模式时，高速离合器接合，低速离合器和扭转减振器旁通离合器均分离，此时，驱动电机/发电机A、驱动电机/发电机B及发动机共同驱动车轮。

在输入行星齿轮组中，发动机和驱动电机/发电机A分别向输入行星齿轮组的齿圈和输入行星齿轮组的太阳轮输入动力，再通过输入行星齿轮组的行星架向车轮输出动力。在输出行星齿轮组中，驱动电机/发电机B和驱动电机/发电机A分别向输出行星组的太阳轮和输出行星组的内齿圈输入动力，再通过输出行星齿轮组的行星架向车轮输出动力。

（3）能量回收模式　当车辆处于滑行或制动时，发动机停止工作，低速离合器接合，高速离合器和扭转减振器旁通离合器均分离。由于低速离合器接合，输出行星齿轮组的齿圈被固定，此时，驱动电机/发电机B被车辆反拖驱动而发电，实现再生制动能量回收。

能量回收模式时的动力传递路线为：车轮→半轴、差速器、主减速器→链条传动→输出行星齿轮组的行星架→输出行星齿轮组的太阳轮→驱动电机/发电机B→发电。

各工作模式下的发动机、驱动电机/发电机及离合器的状态见表3-1。

表3-1　各工作模式下的发动机、驱动电机/发电机及离合器的状态

工作模式	发动机	驱动电机/发电机A	驱动电机/发电机B	高速离合器	低速离合器	旁通离合器	工况
启动	被驱动	驱动	停止	分离	分离	接合	启动
纯电机驱动	停机	空转	驱动	分离	接合	分离	低速或倒挡
低速驱动	带动电机A	发电	驱动	分离	接合	分离	低速
固定传动比驱动	驱动	停止	驱动	接合	接合	分离	中速
高速驱动	驱动	驱动	驱动	接合	分离	分离	高速或加速
能量回收	停机	空转	发电	分离	接合	分离	滑行或制动

第四节　上汽混合动力汽车技术

上汽以插电式混合动力电动汽车为主，如荣威550、汽车名爵6混合动力电动汽车等。

一、荣威550插电式混合动力电动汽车

荣威550插电式混合动力电动汽车如图3-85所示。

图3-85 荣威550插电式混合动力电动汽车

荣威550插电式混合动力电动汽车搭载的1.5L自然进气汽油发动机,其峰值功率为78kW,峰值转矩为135N·m。配套的主电机和ISG辅助电机均为三相交流电机,电机旁边有变压器,它的作用是提升来自动力控制单元的电压,以保证电机顺利驱动。主机峰值功率为50kW,峰值转矩为317N·m;ISG辅助电机峰值功率为25kW,峰值转矩为147N·m。搭载的动力电池为磷酸铁锂电池,该电池能够实现3000次的充电循环,能够产生294V的电压和40A·h的电流,输出功率为11.8kW·h。

1. 荣威550插电式混合动力系统的组成

荣威550插电式混合动力系统主要由发动机、电驱动单元(Electric Drive Unit,EDU)、储能系统(Energy Storage System,ESS)、电力电子箱(Power Electronic Box,PEB)组成,如图3-86所示。

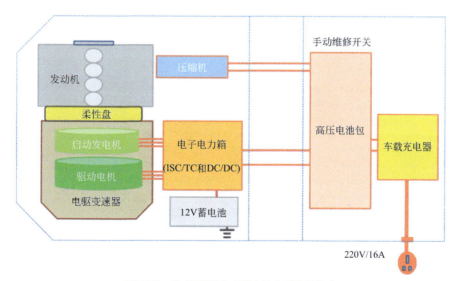

图3-86 荣威550插电式混合动力系统的组成

(1)发动机 荣威550插电式混合动力电动汽车搭载1.5L自然进气汽油发动机,其峰值功率为78kW/(6000r/min),其峰值转矩为135N·m(4000r/min),如图3-87所示。

图3-87　1.5L自然进气汽油发动机

（2）电驱动单元　电驱动单元主要由TM电机、ISG电机、C1离合器、C2离合器、平衡轴式的齿轮组、液压控制模块组成。其中TM电机为牵引电机，主要作用为输出动力；ISG电机为集成启动发电机，主要作用是启动发动机和给动力电池充电，极端情况下也作为辅助动力输出；C1离合器属于常开离合器，与发动机连接并和ISG电机搭配工作；C2离合器属于常闭离合器，配合TM电机工作；平衡轴式的齿轮组提供了2个齿轮速比及一个主减速比；液压控制模块控制离合器的结合分离和EDU的挡位选择。

荣威550电驱动变速器外形如图3-88所示，其分解图如图3-89所示。

TM电机和ISG电机均为三相交流电机，TM电机的峰值功率为50kW，峰值转矩为317N·m；ISG电机的峰值功率为25kW，峰值转矩为147N·m。

（3）储能系统　荣威550的储能系统为磷酸铁锂电池组，其电压为294V，容量为40A·h，电量为11.8kW·h，总重为153kg，该电池组能够实现3000次的充电循环，如图3-90所示。

荣威550动力电池组结构如图3-91所示，其单体电压为3.2V，连接方式为92串×2并=184个。

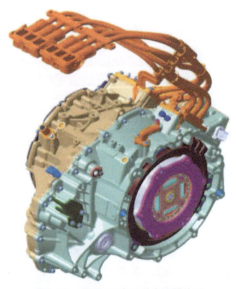

图3-88　荣威550电驱动变速器外形

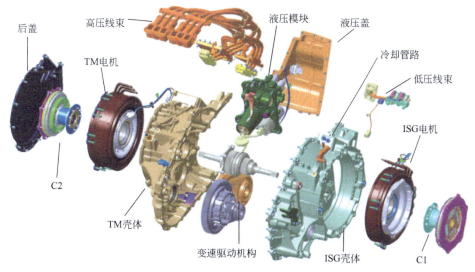

图3-89 荣威550的电驱动变速器分解图

图3-90 荣威550动力电池组

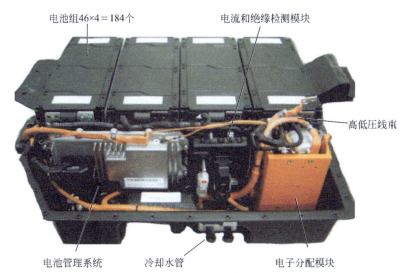

图3-91 荣威550动力电池组结构

（4）电力电子箱　电力电子箱位于发动机舱左后侧位置，有三个接口，分别连接至动力电池组、TM电机和ISG电机，如图3-92所示。电力电子箱的散热形式为水冷式，其作用是通过改变来自动力电池组电流的相位从而实现向电机分配电流。

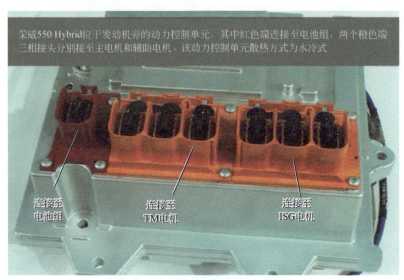

图3-92　荣威550电力电子箱

荣威550电力电子箱的内部原理如图3-93所示，图中TC为动力驱动控制模块，ISC为逆变器控制模块，IGBT为绝缘栅双极型晶体管，DC/DC为DC/DC变换器，TM为主电机，ISG为辅助电机，Batt为电池组。

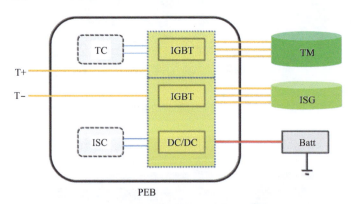

图3-93　荣威550电力电子箱的内部原理

2. 荣威550混合动力系统的工作模式

荣威550发动机和电机所组成的混合动力系统主要有7种工作模式，即纯电驱动模式、串联驱动模式、并联驱动模式、行车充电模式、发动机驱动模式、怠速充电模式以及能量回收模式，控制系统会根据车辆当前行驶工况和动力电池组剩余电量自动进行工作模式的切换。

（1）纯电驱动模式　动力电池电量充足，且车辆转矩需求适中的情况下进入纯电驱动模式。纯电驱动模式下，C1离合器断开，C2离合器闭合；TM电机工作驱动汽车，ISG电机和发动机不参与工作，如图3-94所示。

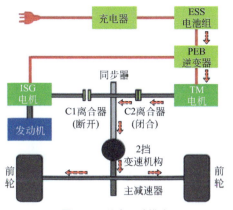

图3-94 纯电驱动模式

（2）串联驱动模式 串联驱动是指发动机仅用于为动力电池组充电，整车通过电机驱动行驶。电池组电量较低，且车辆转矩需求较低的情况下进入串联驱动模式。串联驱动模式下，C1离合器断开，C2离合器闭合；发动机通过ISG电机发电，通过TM电机独立驱动车辆，如图3-95所示。

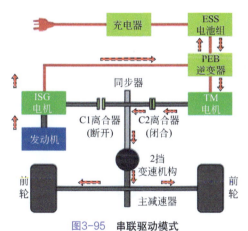

图3-95 **串联驱动模式**

（3）并联驱动模式 当车辆动力需求较大时，C1、C2离合器均闭合，两个电机和发动机同时工作，完成驾驶员所需要的加速动作，如图3-96所示。

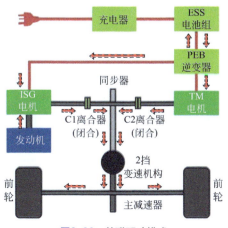

图3-96 **并联驱动模式**

（4）行车充电模式　车辆行驶过程中动力电池组电量较低，转矩需求不高，进入行车充电模式。行车充电模式下，C1离合器闭合，C2离合器断开，TM电机工作，发动机工作同时驱动ISG发电，补充动力电池电量，如图3-97所示。

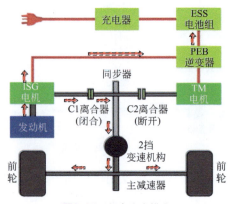

图3-97　行车充电模式

（5）发动机驱动模式　车辆行驶中车速与转矩需求在同一范围内，C1离合器闭合，C2离合器断开，发动机直接工作驱动车辆，如图3-98所示。发动机驱动模式仅发生在车辆高速行驶或电量较低时，这时仅有发动机提供动力。

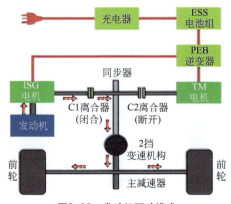

图3-98　发动机驱动模式

（6）怠速充电模式　车辆处于静止状态，电池电量较低。C1离合器断开，C2离合器闭合；发动机工作，通过ISG电机向动力电池组补充电量，如图3-99所示。

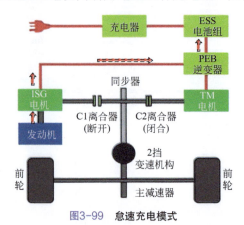

图3-99　怠速充电模式

（7）能量回收模式　能量回收模式分为两种情况，一种是车辆滑行和踏板制动情况下进行能量回收，C1、C2离合器均闭合，发动机不参与工作，两个电机一起工作将动能转化为电能，如图3-100所示。

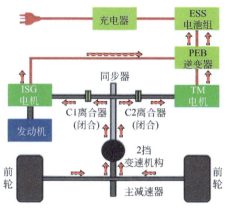

图3-100　能量回收模式（一）

另一种是车辆滑行和踏板制动情况下进行动能回收，C1离合器断开，C2离合器闭合；仅TM电机负责发电，制动的同时将动能转化为电能，如图3-101所示。

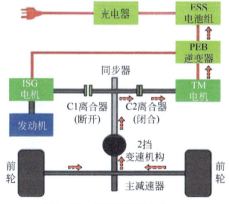

图3-101　能量回收模式（二）

综上所述，荣威550混合动力系统共设置三种工作模式，即发动机驱动、电机驱动、发动机与电机协同驱动，驾驶员通过仪表盘的显示，可以清楚车辆当前处于哪种工作模式下行驶，如图3-102所示。蓝色指位Charge为发动机工作区域，表示此时只有发

图3-102　仪表盘显示工作模式

动机提供动力，主电机和辅助电机给动力电池组充电；绿色指位ECO为电机工作区域，表示此时发动机不工作，车辆动力由主电机提供；白色指位Power为发动机+电机协同工作区域，表示此时主电机和发动机同时给车辆提供动力，功率和转矩达到最大化；红色指位表示发动机油门过大，应收油门。

3. 荣威550插电式混合动力电动汽车充电系统

充电系统具有可以检测到充电枪与车辆之间的连接状态的功能。当需要拔下充电枪时，一旦将手柄上的机械按钮按下，系统可以立刻检测到，及时停止充电功能，避免充电枪带负载插拔，减少电弧的产生及其风险。

该充电系统既可以采用充电桩自带的充电枪对车辆进行充电，也可以通过随车自带的便携式充电枪直接接通220V/16A普通家用电源充电。

车载充电口如图3-103所示。

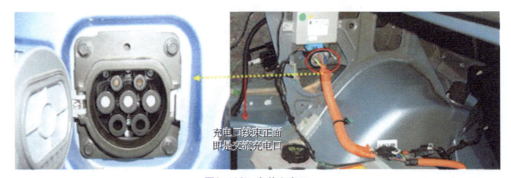

图3-103　车载充电口

充电口与车载充电机相连接；固定在车身侧围（左）上，主要作为民用电供给车载充电器的连接端口，通过此充电口，将民用电的220V交流电源提供给车载充电器。

车载充电口端子如图3-104所示。

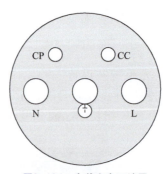

图3-104　车载充电口端子

图3-104中N为220V零线；L为220V交流电源线；CP为充电枪连接信号接地；CC为充电枪连接信号。CC端子电压测量：点火开关ON挡，5V；点火开关OFF挡，0V。

车载充电连接线如图3-105所示。

慢速充电线装配在后备厢的随车工具盒之上，主要功能为将民用220V交流电源引到交流充电口；同时，具有连接指示和交流电路过流保护功能。

车载充电器布置位置如图3-106所示。

图3-105 车载充电连接线

图3-106 车载充电器布置位置

充电器外部电气接插件如图3-107所示。插件1为车载充电接口连接线，3根线为220V交流高压电；插件2为黑色2根线，充电连接线连接输入开关信号；插件3为BY060连接器，与BMS模块进行通信；插件4为310V高压直流电线束，通到高压电池包。

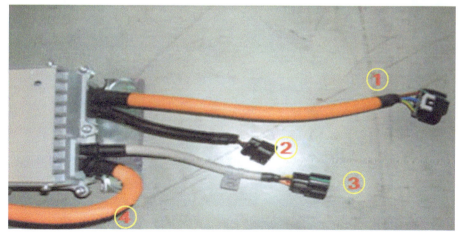

图3-107 充电器外部电气接插件

车载充电器具有以下功能。
① 提供与电池管理系统之间的CAN通信。
② 根据电池管理系统的需求，在峰值功率范围内为高压电池充电。

③ 高压安全：提供输出反接保护、高压端口残压控制、故障自关断功能。
④ 热管理：以风冷方式进行冷却。

组合仪表充电连接指示灯如图3-108所示。其中左边指示灯为充电连接指示灯；右边指示灯为充电状态指示灯，对高压电池充电时，此指示灯点亮。高压电池充满后，两个指示灯都熄灭。

图3-108　组合仪表充电连接指示灯

二、上汽名爵6混合动力系统

上汽名爵6混合动力汽车如图3-109所示，它搭载由1.0T三缸发动机和电机组成的插电式混合动力系统；发动机的峰值功率为86kW，峰值转矩为170N·m；电机的峰值功率为59kW，工作电压为350V；综合峰值功率为145kW，峰值转矩为622N·m；搭载高密度磷酸铁锂电池，纯电驱动模式下续驶里程可达到53km，综合续驶里程为705km；综合油耗值低至1.5L/100km。

图3-109　上汽名爵6混合动力汽车

1. 上汽名爵6混合动力系统的组成

上汽名爵6混合动力系统结构示意如图3-110所示，它主要由发动机、EDU变速系统和动力电池组成。

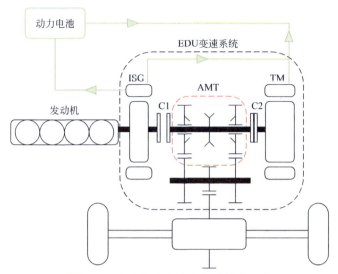

图3-110　上汽名爵6混合动力系统结构示意

EDU变速系统主要由ISG电机、TM电机、两个离合器（C1和C2）以及齿轮轴系统组成，如图3-111所示。ISG电机与发动机输出轴相连，同轴上接着有一个C1离合器，离合器介于齿轮机构和发动机之间，可以通过离合器的开合来控制发动机是否介入直接驱动车辆。而大多数时候发动机是通过ISG电机作为发电机使用，也就是说C1离合器不常结合，而是将发动机的动能转化为电能储存在电池中，然后通过TM电机再将电池中的电能转化为动能驱动车辆。

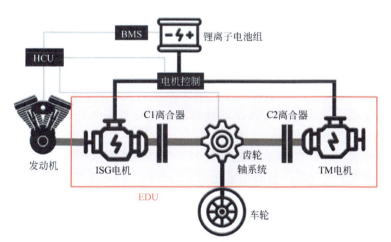

图3-111　EDU变速系统

能量控制单元（HCU）是混合动力系统的控制核心，它会解析驾驶需求信号，如踏板输入、车速信号、驾驶模式选择、能量回收强度选择等，并使用这些信号来分析处理系统能量输出。同时HCU通过得到发动机、驱动电机和动力电池的状态信息，进而控制混合动力系统的启动、停止和工作模式的转换。HCU实物如图3-112所示。

2. 上汽名爵6混合动力系统的工作模式

上汽名爵6混合动力系统的工作模式主要有纯电驱动模式、串联驱动模式、并联驱动模式和行车充电模式等。

图3-112 HCU实物

（1）纯电驱动模式 在纯电驱动模式下，发动机不工作、C1离合器断开、C2离合器接合，TM电机工作，通过齿轮轴系统把动力传输到车轮，驱动车辆行驶，如图3-113所示。

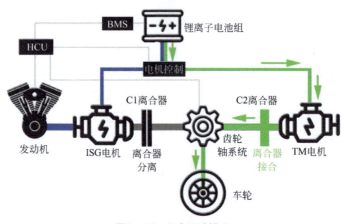

图3-113 纯电驱动模式

（2）串联驱动模式 当车辆在普通城市路况行驶，同时动力电池电量不足时，为了保证动力电池不馈电，同时满足驾驶需求，这时车辆会进入串联模式行驶，如图3-114所示。

由于在串联模式下，C1离合器是常开的，发动机不直接驱动车辆，驱动车辆的能量来自车辆的锂离子电池组。虽然是靠电能驱动车辆，但这时发动机仍是要工作的，发

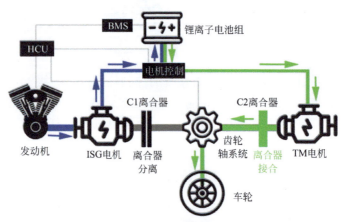

图3-114 串联驱动模式

动机通过ISG电机发电，一方面给动力电池充电；另一方面动力电池给TM电机放电，然后通过TM电机驱动车辆。

EDU变速系统通过ISG电机来调节发动机转速，使发动机工作在最佳工况下，以此节约不必要的能量损失。通过发动机在高效的工作区间运行给动力电池充电，使得动力电池尽管在馈电的情况下行驶也能保持有足够的能量。当驾驶员踩下油门踏板时，TM电机作为电机开始工作，将动力电池中的电能转化为动能，同时C2离合器接合，动能就能顺利输出到半轴，驱动车辆行驶。

（3）并联驱动模式 当车辆需要更多的驱动力，比如加速或越野模式，车辆在并联驱动模式下工作，这时驱动车辆的动力源共有两个：一个是动力电池组的动力；另一个是发动机的动力，如图3-115所示。这时发动机不再为动力电池组充电，而是直接驱动车辆。此时不仅C2离合器接合，用电能驱动车辆，同时C1离合器也接合，发动机与齿轮轴系统接通，通过齿轮组将动力输出到差速器，并与电机一同驱动车辆行驶。

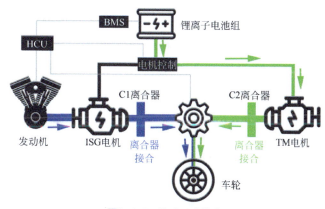

图3-115　并联驱动模式

（4）行车充电模式 在动力电池电量不够驱动车辆的时候，系统进入行车充电模式，这时只有一个动力源——发动机，如图3-116所示。通过C1离合器接合，且C2离合器分离，发动机动力通过C1离合器输出到齿轮轴系统，也就是发动机直接驱动车辆；同时一部分动力通过ISG电机给动力电池充电。

综上所述，在上汽名爵6混合动力系统中，ISG电机主要将发动机的输出动能转化为电能储存在动力电池组中，另一台TM电机则是将动力电池组的电能转化为动能的电

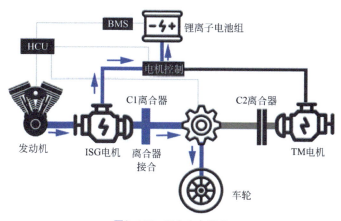

图3-116　行车充电模式

机。当需要发动机直连时（发动机动力直接输出时），C1离合器接合，发动机的动力就过通过齿轮轴系统最终传递到车轮。齿轮轴系统存在的意义是当发动机直连时，使发动机有更宽的变速范围。

第三代名爵6搭载的混合动力系统发生了改变，由1.5T四缸涡轮增压发动机、第二代10速智能电驱变速器、容量为11.1kW·h的动力电池包、第二代HCU混动中央控制器组成。这套混合动力系统的综合输出峰值功率可以达到224kW，峰值转矩可以达到480N·m。纯电动续驶里程为70km；高电量状态的油耗可以低至1.1L/100km；0～100%充电时间大约3.5h。

上汽第一代EDU电驱系统搭载在了包括荣威550、荣威eRX5、名爵6插电式混动版等多款车型上。第一代EDU电驱系统由一个ISG电机（主要用于发电）、一个TM电机（主要用于驱动）以及一个2挡变速器组成，通过巧妙的结构来实现混联驱动。发动机、ISG电机和TM电机同轴布置。发动机直接与ISG电机连接，并通过离合器C1连接2挡变速器。另一端，TM电机通过离合器C2与AMT连接，动力最终经2挡变速器传递至车轮。

上汽第二代EDU电驱系统变成10速智能电驱变速器，采用四合一结构，由永磁同步电机、10挡变速器、电机控制器、第二代HCU智能混动控制单元组成。换挡动作由电控代替液压，能实现0.2s级动力响应，并且传动效率可以达到94%以上。

上汽第二代10速智能电驱变速器的核心部件是发动机端的6速变速器以及电机端的4挡变速器，如图3-117所示。6挡变速器与发动机连接，4挡变速器与驱动电机连接，两套动力系统采用平行布局，最多可以组合出24个不同挡位。

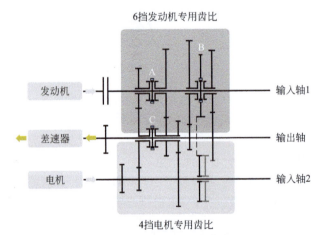

图3-117　上汽第二代10速智能电驱变速器原理图

第五节　比亚迪混合动力汽车技术

比亚迪混合动力汽车主要包括"秦""汉""唐""宋""元"五大产品家族，它们搭载了比亚迪不同的混合动力系统。

一、比亚迪混合动力系统的发展历程

2008年，比亚迪推出搭载第一代双模技术（DM1.0）的F3DM车型，采用P1+P3双电机串并联方案。由此，比亚迪开启了中国插电式混合动力车之路。但一个挡位的第一代双模技术在匹配不同车型时，需根据发动机高效区间参数及车型参数来更改唯一的速比。

2013年，第二代双模技术（DM2.0）基于多速DCT（双离合自动变速器）的并联架构，属于P3单电机方案，搭载比亚迪秦DM等，可外插电。相对于第一代双模技术，第二代双模技术的动力传动系统可实现的工作模式更多，动力系统集成度高，解决了第一代的不足。第二代双模的DCT速比范围较宽，可适配不同发动机、不同车型，满足不同工况需求。

2018年，第三代双模技术（DM3.0）搭载宋Pro DM及其他车型。第三代双模技术并不仅限于一种动力架构，它按电机位置来区分（BSG电机位于P0，前驱动电机位于P3，后驱动电机位于P4），共呈现三种不同的动力架构，分别为P0+P3（前驱）、P0+P4（双擎四驱）、P0+P3+P4（三擎四驱），可外插电。第三代双模技术（DM3.0）在保留上代优势的同时，加入全新的高功率、高电压的P0/BSG电机，电压为360～518V。BSG电机峰值功率为25kW，峰值转矩为60N·m，为加速助力。

比亚迪混合动力技术的三代演变如图3-118所示。

图3-118　比亚迪混合动力技术的三代演变

第三代双模技术（DM3.0）三种不同的系统架构如图3-119所示。比亚迪DM3.0技术为用户设计了P0+P3（前驱）、P0+P4（双擎四驱）、P0+P3+P4（三擎四驱）三种动力架构方案，满足用户的多样化需求。如前驱架构搭载在宋MAX DM、秦Pro DM车型，更突出经济性；双擎四驱架构搭载在宋Pro DM车型，综合经济性能仍旧远超同级，0～100km/h的加速时间为4.7s；三擎四驱搭载在全新一代唐DM车型，三擎合力具有最强加速性能，0～100km/h的加速时间为4.5s。

最近，比亚迪DM混合动力全新平台命名正式发布，此次共推出DM-p和DM-i双平台，分别主打动力性能与经济性。

DM-p平台将以动力性能为主，DM-p技术中的"p"指Powerful，寓意动力强劲、极速，更好地满足用户对驾驶乐趣的追求。DM-p动力架构搭载具有高电压、大功率、

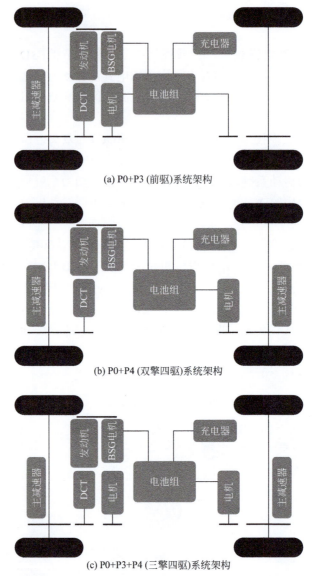

图3-119 第三代双模技术（DM3.0）三种不同的系统架构

强保电能力的BSG电机，与发动机、前后驱动电机联动，提供EV纯电、HEV并联、HEV串联、HEV高速、HEV能量回收五大驱动模式，并通过转矩管理实现发动机与电机转矩分配的精准控制，比亚迪汉将是首次搭载DM-p平台的车型。

DM-i平台则以经济性为主，追求高效节能。该技术具备智慧、节能、高效等特点，是为满足"追求更低行车油耗"的用户。新系统纯电动续驶里程将大于50km，在不充电的情况下，百公里油耗将低于5L。

比亚迪DM-i超级混动系统由骁云-插混专用1.5L/1.5T发动机、EHS电混系统、DM-i超级混动专用刀片电池、交/直流车载充电器等核心部件组成，整车控制系统、发动机、电池、电机控制系统由比亚迪全栈自研自制。

骁云-插混专用1.5L发动机的峰值功率为81kW，峰值转矩为135N·m，以阿特金森循环为基础，热效率达到43%，是全球热效率最高的量产汽油机，如图3-120所示。搭载比亚迪DM-i超级混动系统的混合动力汽车，油耗可以达到3.8L/100km。

图3-120 骁云-插混专用1.5L发动机

比亚迪推出了三款搭载DM-i超级混动技术的新车——秦PLUS DM-i、宋PLUS DM-i以及唐DM-i。比亚迪秦PLUS DM-i在亏电状态下油耗为3.8L/100km，0～100km/h的加速时间为7.3s，纯电动模式续驶里程为120km，综合续驶里程为1245km；比亚迪宋PLUS DM-i在亏电状态下油耗为4.4L/100km，0～100km/h的加速时间为7.9s，纯电动模式续驶里程为110km，综合续驶里程为1200km；比亚迪唐DM-i亏电油耗为5.3L/100km，0～100km/h的加速时间为8.5s，纯电动模式续驶里程为112km，综合续驶里程为1050km。

二、基于DM Ⅱ的比亚迪秦混合动力汽车

1. 比亚迪秦混合动力系统的组成

比亚迪秦插电式混合动力汽车（简称比亚迪秦）采用的双擎双模即DM Ⅱ代技术，是在比亚迪第一款双模电动汽车F3DM的DM Ⅰ代技术基础上，整合涡轮增压发动机、双离合器变速器、高转速电机、电机控制器集成、分布式电源管理、动力电池进行开发的。在发动机、电机、电控、电池、电源管理等关键技术上都有了质的飞跃。相对于DM Ⅰ代技术，搭载车型会具备更强的动力性和更优的经济性。

比亚迪秦混合动力系统如图3-121所示。电机控制器与发动机、电机一起安装在发动机舱中，能量与电池管理器、电池组安装在车辆后方。

比亚迪秦采用的是1.5L TI缸内直喷+涡轮增压发动机，峰值功率为113kW，峰值转矩为240N·m，如图3-122所示。

比亚迪秦采用的是6速DCT干式双离合自动变速器，如图3-123所示。

图3-121 比亚迪秦混合动力系统

图3-122 1.5L TI缸内直喷+涡轮增压发动机

图3-123 6速DCT干式双离合自动变速器

DMⅡ将DMⅠ中的双电机变成了单电机,采用永磁同步电机,最高转速为12000r/min,峰值功率为110kW,峰值转矩为250N·m。在纯电动模式下,它可以驱动车辆行驶50km,最高车速可达150km/h,它同时还作为一台发电机,在车辆减速和制动时回收能量给电池组充电。

比亚迪采用三元锂离子电池,如图3-124所示。

图3-124 比亚迪三元锂离子电池

基于DMⅡ的比亚迪秦混合动力系统组成如图3-125所示。

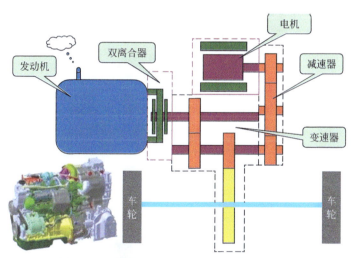

图3-125 基于DMⅡ的比亚迪秦混合动力系统组成

比亚迪秦DMⅡ技术具有以下特点。
① 整车性能对电池依赖小,增加6速变速器,对发动机工作区域调节能力更强。
② 高转速电机、高电压方案,效率更优。
③ 有超强的动力性。
④ 高压系统损坏,车辆仍能正常行驶。

2. 比亚迪秦混合动力系统工作模式

比亚迪秦混合动力系统具有纯电动工作模式、HEV稳速发电工作模式、HEV混合动力工作模式、HEV燃油驱动工作模式、能量回收工作模式。

(1) 纯电动工作模式 纯电动(EV)工作模式下,动力电池提供电能,供电机驱动车辆，可以满足各种工况行驶，如起步、倒车、怠速、急加速、匀速行驶等，如图3-126所示，图中绿色箭头表示能量及动力传递路径。

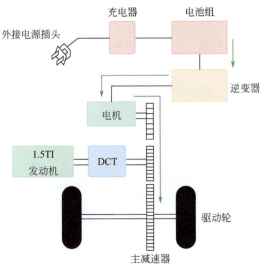

图3-126　纯电动工作模式

（2）HEV稳速发电工作模式　当电量不足时，系统从EV模式自行切换到HEV模式，使用发动机驱动，在车辆以较稳定的速度行驶时，发动机输出的一部分转矩会驱动电机进行发电，对动力电池进行充电，如图3-127所示。

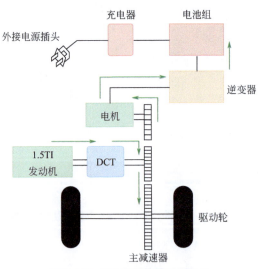

图3-127　HEV稳速发电工作模式

（3）HEV混合动力工作模式　当用户从EV模式切换到HEV模式后，车辆由发动机和电机共同驱动，实现了最佳的动力性，但仍能保证混合动力系统具有良好的经济性，如图3-128所示。

（4）HEV燃油驱动工作模式　当电量不足或高压系统故障时，可单独使用发动机驱动，实现了高压系统的独立性，如图3-129所示。

（5）能量回收工作模式　在车辆减速时，电机将车辆需要降低的动能转化为电能储存在动力电池内，如图3-130所示。

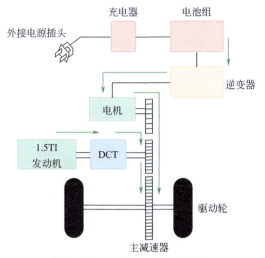

图3-128　HEV混合动力工作模式

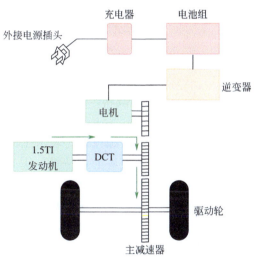

图3-129　HEV燃油驱动工作模式

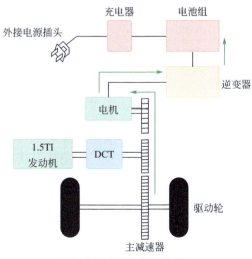

图3-130　能量回收工作模式

3. 系统工作模式切换

模式切换开关如图3-131所示,中控台上的模式选择旋钮可以手动选择开启纯电动(EV)模式以及混合驱动(HEV)模式。

图3-131 模式切换开关

(1) EV-ECO　EV按钮上的指示灯(绿色)亮表示在EV模式,MODE旋钮逆时针旋转,进入ECO(经济)模式,在保证动力的情况下,最大限度节约电量。

(2) EV-SPORT　将MODE旋钮顺时针旋转,进入SPORT(运动)模式,将保证较好的动力性能。

(3) HEV-ECO　HEV按钮上的指示灯(绿色)亮表示在HEV模式,MODE旋钮逆时针旋转,进入ECO模式,此时为了保证较好的经济性:①当电量大于20%时,将不会启动发动机;②当电量低于20%时,将自动启动发动机充电;③直到SOC达到40%时,发动机自动停机,此后将一直按照①-②-③-①模式循环。

(4) HEV-SPORT　MODE旋钮顺时针旋转,进入SPORT(运动)模式,发动机会一直工作,以保持最充沛的动力。

(5) EV自动切换为HEV

① SOC≤5%;BMS允许放电功率≤15kW;坡度≥15%。

② EV切换到HEV后,不再自动切换EV,之后发动机工作按HEV策略进行。

③ SOC≥75%时,重新上电后切换到EV模式。

三、比亚迪唐混合动力系统

1. 比亚迪唐混合动力系统组成

比亚迪唐混合动力系统采用第三代DM技术,简单来说就"1-2-3-4",即一个发动机,双离合变速器,三个电机,四驱布局。比亚迪唐混合动力系统如图3-132所示。

比亚迪唐混合动力系统的动力总成,采用比亚迪自主研发的2.0TI发动机与六速自动变速器以及两台位于前后桥的永磁同步电机,以此实现全时电四驱模式,并且可以在HEV(混合动力模式)和EV(纯电动模式)之间自由切换。发动机峰值功率为151kW,峰值转矩为320N·m;两台电机能发出的峰值功率为220kW,峰值转矩为

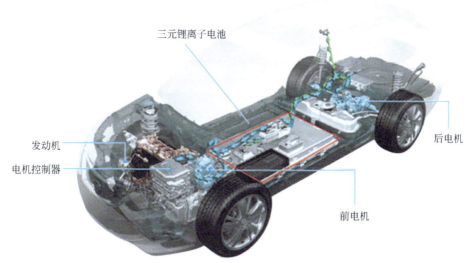

图3-132 比亚迪唐混合动力系统

500N·m。如果在混动模式下，2.0T+6HDT45变速器再叠加更多的动力，全车综合峰值功率为371kW，峰值转矩达到820N·m。

2. 比亚迪唐混合动力系统工作模式

比亚迪唐混合动力系统工作模式有最经济模式、最强劲模式、行车发电模式、怠速发电模式。

（1）最经济模式　在最经济模式下，发动机停止工作，位于底盘中部的三元锂离子电池为前后电机供电，前后电机共同组成电四驱模式，如图3-133所示。在EV模式下，比亚迪唐就是一辆纯电动汽车，因此在松开电门一瞬间会开始电量回收。实测纯电能耗仅为17kW·h/100km。

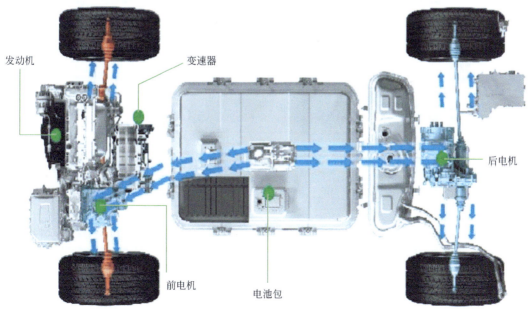

图3-133 最经济模式

（2）最强劲模式　在最强劲模式下，2.0T发动机与前后电机同时工作，电机控制模块为前后电机分配最佳的输出功率，如图3-134所示。0～100km/h的加速时间为4.98s。

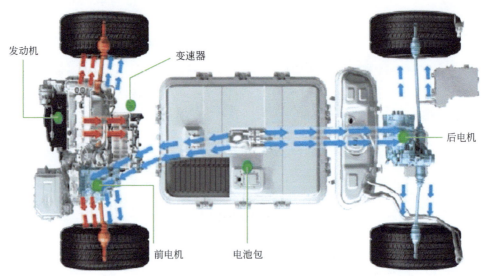

图3-134　最强劲模式

（3）行车发电模式　当电池电量过低或低于所设定的SOC目标值时，前电机不再输出动力转而成为发电机为电池充电，此时前轮由发动机单独驱动，后轮由后电机驱动，如图3-135所示。城市环境下行驶，实测每1.5km能补充1%～2%的电能，长途行驶时电池电量最高能回充至70%，为下一段城市纯电动模式行驶带来强有力的电能保障。

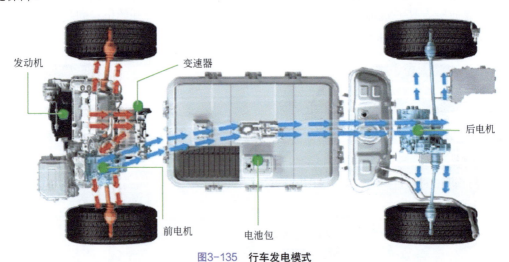

图3-135　行车发电模式

（4）怠速发电模式　在SOC低于15%以内行驶，在等红绿灯的时候系统自动切换至发动机带动前电机为电池充电，如图3-136所示。实测大约5min能补充1%～2%的电能。在必要时可以采取强制原地发电，在P挡模式下把油门踏板踩到底即可激活。这种模式主要用于应急使用，一旦遇上意外情况，可以通过这样的形式为电池充电。

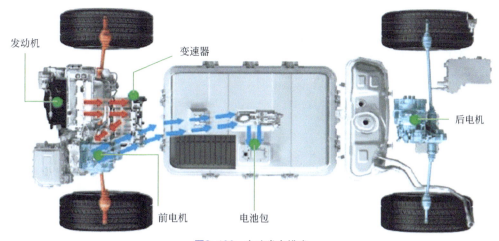

图3-136　怠速发电模式

第六节　长城混合动力汽车技术

长城推出的全新混合动力技术，官方名称为"柠檬混动DHT"，如图3-137所示，其中DHT是Dedicated Hybrid Technology（混合动力专用技术）的缩写。柠檬混动DHT的整个系统架构可以概况为"1-2-3"，即一套DHT高度集成的油电混合动力系统、两种动力架构、三套动力总成。

柠檬混动DHT可搭载1.5L和1.5T两款混动专用发动机，此外，TM电机功率也提供两种，分别为100kW和130kW，分别将其称为DHT100和DHT130。而且，PHEV动力形式还可搭载P4电驱后桥（峰值功率135kW，并配备2挡减速器）形成电动四驱，动力分配更加灵活，前后桥转矩可在（0∶100）～（100∶0）范围内智能动态调节。

图3-137　长城柠檬混动DHT混合动力汽车

柠檬混动DHT技术有三种动力总成，分别为"1.5L+DHT100""1.5T+DHT130"和"1.5T+DHT130+P4"四驱动力总成，系统功率为140~320kW，丰富的动力可支撑A~C级车型的灵活搭配，如图3-138所示。

图3-138 柠檬混动DHT技术的三种动力总成

1.5L+DHT100（100kW高集成混动变速器）主要应用于A级车型，动力系统功率为140~170kW，动力系统综合效率最高可达50%以上，可实现HEV、PHEV两种动力。

1.5T+DHT130（130kW高集成混动变速器）主要应用于B级车型，动力系统功率为180~240kW，动力系统综合效率最高可达50%以上，可实现HEV、PHEV两种动力。

1.5T+DHT130+P4（135kW三合一两挡电驱动后桥）主要应用于C级车型，动力系统功率为320kW，动力系统综合效率最高可达50%以上，只可实现PHEV动力。

DHT混合动力总成将1.5L/1.5T混动专用发动机、发电（GM）/驱动（TM）双电机、双电机控制器、集成DC/DC变换器和定轴式变速器等主要部件集成在一起，因此可以获得相比传统燃油动力总成更小的体积、更轻的重量和更高的传动效率，如图1-139所示。

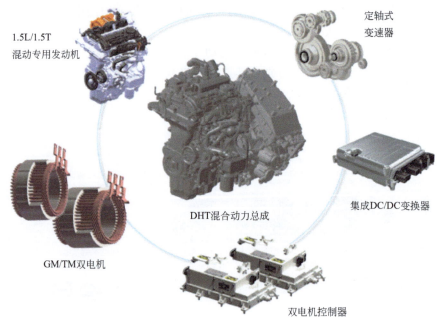

图3-139 DHT混合动力总成

DHT混合动力系统结构示意如图3-140所示。

长城DHT混合动力系统可以实现纯电驱动、串联驱动、并联驱动和能量回收等多种工作模式，如图3-141所示。

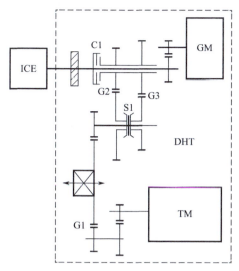

图3-140 DHT混合动力系统结构示意

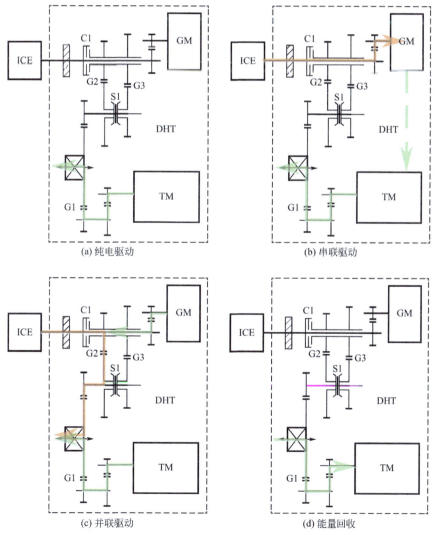

(a) 纯电驱动　　　　　　　　　　(b) 串联驱动

(c) 并联驱动　　　　　　　　　　(d) 能量回收

图3-141 长城DHT混合动力系统的工作模式

163

纯电驱动模式下，由驱动电机直接驱动车轮；串联驱动模式下，由发动机驱动发电机发电，驱动电机直接驱动车轮，适用于市区行驶工况；并联驱动模式下，由发动机直接驱动车轮，发电机和驱动电机负责调节发动机工作点和辅助驱动车轮，适用于高速行驶工况；能量回收模式下，由驱动电机能量回收，适用于制动工况。

柠檬混动DHT支持HEV和PHEV两种动力形式。柠檬平台不仅可以覆盖从小型车到大型车所有定位车型，还可以满足轿车、SUV以及MPV三种品类，可适配多种动力系统，比如高效燃油动力、多种混合动力（DHT、P1、P2+P4）、纯电动以及氢燃料电池电动汽车。

长城HEV主打城市使用场景下的经济性，动力系统综合效率可达43%～50%，百公里综合油耗可达4.6L。HEV所使用的电池电量为1.76kW·h。通过更换更大容量的电池，长城HEV还可变为PHEV。长城PHEV所搭载的电池电量最大可达45kW·h，纯电续驶里程可达200km。

第四章

混合动力汽车动力系统参数匹配

混合动力汽车动力系统参数匹配是混合动力汽车设计的重要内容，它与动力系统结构形式、动力性和经济性设计指标、工作模式等密切相关，主要取决于混合动力汽车行驶的功率需求和能量需求。

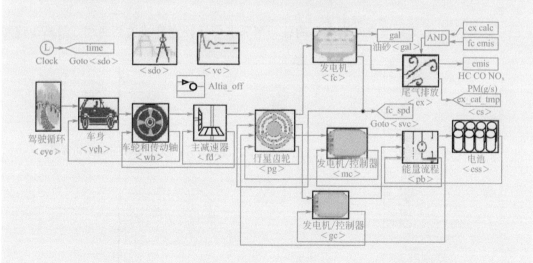

第一节 混合动力汽车行驶的功率需求

混合动力汽车任意行驶工况下的功率需求为

$$P_\mathrm{t} = \frac{u}{3600\eta_\mathrm{t}}\left(mgf\cos\alpha + mg\sin\alpha + \frac{C_\mathrm{D}Au^2}{21.15} + \delta m \frac{du}{dt}\right) \quad (4\text{-}1)$$

式中，P_t 为混合动力汽车任意行驶工况下的功率需求；m 为整车质量；f 为滚动阻力系数；α 为坡度角；C_D 为迎风阻力系数；A 为迎风面积；u 为行驶车速；η_t 为传动系统效率；δ 为汽车旋转质量换算系数；$\dfrac{du}{dt}$ 为汽车行驶加速度。

混合动力汽车任意行驶工况下的功率需求由混合动力系统提供，根据动力系统结构形式和设计要求，可以是驱动电机单独提供、发动机单独提供或驱动电机和发动机联合提供。

混合动力汽车行驶的功率需求主要考虑以最高车速在平坦道路行驶时的功率需求、最大爬坡工况下的功率需求和满足加速时间的功率需求。

1. 以最高车速在平坦道路行驶时的功率需求

混合动力汽车以最高车速在平坦道路行驶时的功率需求为

$$P_{m_1} = \frac{u_{\max}}{3600\eta_\mathrm{t}}\left(mgf + \frac{C_\mathrm{D}Au_{\max}^2}{21.15}\right) \quad (4\text{-}2)$$

式中，P_{m_1} 为混合动力汽车以最高车速在平坦道路上行驶时的功率需求；$u_{\max}$ 为最高车速。

如图4-1所示为某混合动力汽车的总功率需求与行驶速度的关系曲线。最高车速越

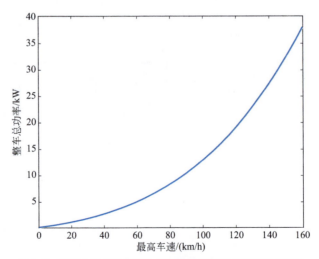

图4-1 某混合动力汽车的总功率需求与行驶速度的关系曲线

快，所需要的总功率越大。

2. 最大爬坡工况下的功率需求

混合动力汽车最大爬坡工况下的功率需求为

$$P_{m_2} = \frac{u_p}{3600\eta_t} \left(mgf\cos\alpha_{max} + mg\sin\alpha_{max} + \frac{C_D A u_p^2}{21.15} \right) \qquad (4\text{-}3)$$

式中，P_{m_2} 为混合动力汽车匀速爬最大坡度工况下的功率需求；u_p 为汽车爬坡速度；α_{max} 为最大坡度角。

如图4-2所示为某混合动力汽车的总功率需求与爬坡速度的关系曲线。爬坡速度越快，所需要的总功率越大。

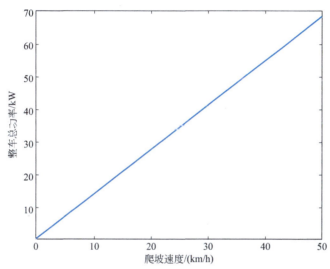

图4-2 某混合动力汽车的总功率需求与爬坡速度的关系曲线

3. 满足加速时间的功率需求

混合动力汽车满足加速时间的功率需求为

$$P_{m_3} = \frac{1}{3600\eta_t} \left(mgf\frac{u_e}{1.5} + \frac{C_D A u_e^3}{52.875} + \delta m \frac{u_e^2}{7.2 t_e} \right) \qquad (4\text{-}4)$$

式中，P_{m_3} 为混合动力汽车满足加速时间的功率需求；u_e 为加速终止时的速度；t_e 为由静止加速到 u_e 所需要的时间。

如图4-3所示为某混合动力汽车的总功率需求与加速时间的关系曲线。

0～100km/h 的加速时间越短，所需要的总功率越大。

混合动力系统的额定功率应满足混合动力汽车以最高车速在平坦道路行驶时的功率需求；混合动力系统的峰值功率应满足以最高车速在平坦道路行驶时的功率需求、混合动力汽车匀速爬最大坡度工况下的功率需求、混合动力汽车满足加速时间的功率需求。对于串联式、并联式和混联式三种不同形式的混合动力汽车，由何种动力提供这些功率，取决于设计要求。

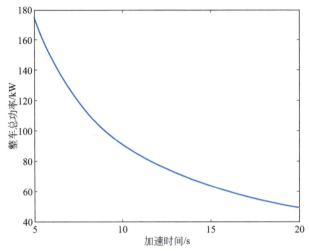

图4-3 某混合动力汽车的总功率需求与加速时间的关系曲线

第二节 混合动力汽车行驶的能量需求

混合动力汽车动力电池的匹配主要依据车辆行驶的能量需求，主要考虑匀速行驶工况的能量需求和加速行驶工况的能量需求。

1. 匀速行驶工况的能量需求

混合动力汽车在水平路面上匀速行驶所需求的功率为

$$P_{m_4} = \frac{u}{3600\eta_t}\left(mgf + \frac{C_DAu^2}{21.15}\right) \quad (4-5)$$

式中，P_{m_4} 为混合动力汽车在水平路面上匀速行驶所消耗的功率；u 为混合动力汽车匀速行驶速度。

混合动力汽车在水平路面上匀速行驶所需要的能量为

$$E_{m_4} = \frac{mgf + \frac{C_DAu^2}{21.15}}{3600\eta_t} S_d \quad (4-6)$$

式中，E_{m_4} 为混合动力汽车在水平路面上匀速行驶所需要的能量；S_d 为混合动力汽车匀速行驶的续驶里程。

2. 加（减）速行驶工况的能量需求

混合动力汽车在水平路面上加（减）速行驶所需求的功率为

$$P_{m_5} = \frac{u(t)}{3600\eta_t}\left[mgf + \frac{C_DAu^2(t)}{21.15} + \delta ma_j\right] \quad (4-7)$$

式中，P_{m_5}为混合动力汽车加（减）速行驶所需求的功率；$u(t)$为混合动力汽车行驶速度；δ为混合动力汽车旋转质量换算系数；a_j为混合动力汽车加（减）速度。

混合动力汽车行驶速度为

$$u(t) = u_0 + 3.6a_j t \tag{4-8}$$

式中，u_0为起始速度；t为加速时间。

混合动力汽车加（减）速行驶所需求的能量为

$$E_{m_5} = \frac{P_{m_5} S_j}{u(t)} \tag{4-9}$$

式中，E_{m_5}为混合动力汽车加（减）速行驶所需求的能量；S_j为混合动力汽车加（减）速行驶里程。

混合动力汽车加（减）速行驶里程为

$$S_j = \frac{u_j^2 - u_0^2}{25920 a_j} \tag{4-10}$$

式中，u_j为加速终了速度。

混合动力汽车减速或制动时，一般具有能量回收功能，能够对动力电池进行能量补充。

因此，混合动力汽车行驶的能量需求主要考虑加速和匀速行驶工况。

计算混合动力汽车行驶的能量需求时，还要考虑车辆附件的能量需求，以及电机效率、电池放电效率、电池放电深度等。

混合动力汽车动力电池匹配时，动力电池组能量应满足纯电驱动工况下的续驶里程。

动力电池组容量与能量的关系为

$$C_m = \frac{1000 E_m}{U_m} \tag{4-11}$$

式中，C_m为动力电池组容量；E_m为动力电池组能量；U_m为动力电池组电压。

某混合动力汽车纯电驱动时，动力电池组能量对纯电工况续驶里程的影响如图4-4

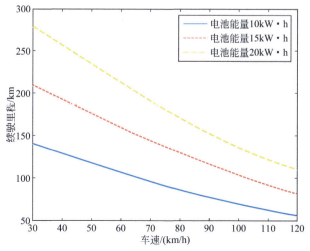

图4-4 动力电池组能量对纯电工况续驶里程的影响

所示。可以看出，动力电池能量越大，续驶里程越长；车速越快，续驶里程越短。

3. 动力电池的匹配方法

混合动力汽车动力电池的能量必须满足车辆行驶时的能量需求，一般考虑纯电工况的续驶里程需求。纯电工况的续驶里程包括两种情况：一种是等速（60km/h）工况的续驶里程；另一种是循环（NEDC）工况的续驶里程。

（1）根据等速（60km/h）工况续驶里程要求确定电池能量 汽车在平坦道路上以60km/h速度匀速行驶所需求的电机功率为

$$P_{60}=\frac{u_{60}}{3600\eta_t}\left(mgf+\frac{C_DAu_{60}^2}{21.15}\right) \quad (4-12)$$

式中，P_{60}为汽车在平坦道路上以60km/h速度匀速行驶所需求的电机功率；u_{60}为匀速行驶车速，等于60km/h。

动力电池选择首先要满足车辆以匀速行驶达到的续驶里程，其能量满足的条件为

$$E_{60}\geqslant \frac{mgf+\dfrac{C_DAu_{60}^2}{21.15}}{3600\eta_t}S_0 \quad (4-13)$$

式中，E_{60}为车辆匀速行驶达到设计目标里程的动力电池能量；S_0为混合动力汽车纯电工况的续驶里程。

假如考虑动力电池放电深度和放电效率、驱动电机效率、汽车附件能量消耗比例系数，则动力电池能量满足的条件为

$$E_{60}\geqslant \frac{mgf+\dfrac{C_DAu_{60}^2}{21.15}}{3600\text{DOD}\times\eta_t\eta_{mc}\eta_{dis}(1-\eta_a)}S_0 \quad (4-14)$$

式中，DOD为动力电池放电深度；η_{dis}为动力电池放电效率；η_{mc}为驱动电机效率；η_a为汽车附件能量消耗比例系数。

动力电池组能量的选取原则主要是考虑其能否满足纯电工况的续驶里程要求，而对于动力电池组的最大输出功率，则主要考虑其能否满足整车所有用电设备的功率需求。

动力电池组的最大放电功率需满足

$$P_{\text{bat max}}\geqslant \frac{P_{e\max}}{\eta_{mc}}+P_A \quad (4-15)$$

式中，$P_{\text{bat max}}$为动力电池组最大放电功率；$P_{e\max}$为车辆最大需求功率；P_A为车辆附件功率。

功率要求的动力电池组能量满足

$$E_P\geqslant \frac{1}{k}\left(\frac{P_{e\max}}{\eta_{mc}}+P_A\right) \quad (4-16)$$

式中，E_P为功率要求的动力电池容量；k为电池最大放电率。

动力电池组能量需满足能量和功率的需求，取值规则为

$$E = \max(E_{60}, E_P) \tag{4-17}$$

（2）根据循环工况续驶里程要求确定电池能量　以NEDC工况为例进行说明。NEDC循环工况主要包括匀速行驶、加速行驶和减速行驶。

满足混合动力汽车纯电工况匀速行驶动力电池所需能量见式（4-6）；满足混合动力汽车纯电工况加（减）速行驶动力电池所需能量见式（4-9）。

市区基本循环试验参数及容量需求见表4-1。利用式（4-6）～式（4-10），可以求出表4-1中的容量需求。

表4-1　市区基本循环试验参数及容量需求

运转次序	操作状态	加速度/(m/s²)	速度/(km/h)	操作时间/s	能量需求/(kW·h)
1	停车	0	0	11	0
2	加速	1.04	0→15	4	
3	等速	0	15	8	
4	减速	−0.83	15→0	5	
5	停车	0	0	21	0
6	加速	0.69	0→15	6	
7	加速	0.79	15→32	6	
8	等速	0	32	24	
9	减速	−0.81	32→0	11	
10	停车	0	0	21	0
11	加速	0.69	0→15	6	
12	加速	0.51	15→35	11	
13	加速	0.46	35→50	9	
14	等速	0	50	12	
15	减速	−0.52	50→35	8	
16	等速	0	35	15	
17	减速	−0.97	35→0	10	
18	停车	0	0	7	0

根据表4-1中的能量需求，可得在一个市区基本循环中，为维护混合动力汽车匀速行驶和加速行驶，动力电池需要输出的能量；混合动力汽车制动时，制动产生的能量中可供动力电池使用的能量，再考虑制动能量回收率，则可求出混合动力汽车完成一个标准市区循环运行，动力电池必须提供的能量；再乘以4，就可以得到混合动力汽车完成4个标准市区基本循环运行，动力电池必须提供的能量。

市郊工况循环试验参数及能量需求见表4-2。利用式（4-6）～式（4-10），可以求出表4-2中的能量需求。

表4-2 市郊工况循环试验参数及能量需求

运转次序	操作状态	加速度/(m/s²)	速度/(km/h)	操作时间/s	能量需求/(kW·h)
1	停车	0	0	20	0
2	加速	0.69	0→15	6	
3	加速	0.51	15→35	11	
4	加速	0.42	35→50	10	
5	加速	0.40	50→70	14	
6	等速	0	70	50	
7	减速	−0.69	70→50	8	
8	等速	0	50	69	
9	加速	0.43	50→70	13	
10	等速	0	70	50	
11	加速	0.24	70→100	35	
12	等速	0	100	30	
13	加速	0.28	100→120	20	
14	等速	0	120	10	
15	减速	−0.69	120→80	16	
16	减速	−1.04	80→50	8	
17	减速	−1.39	50→0	10	
18	停车	0	0	20	0

根据表4-2中的能量需求，可得在市郊工况循环中，为维护混合动力汽车匀速行驶和加速行驶，动力电池需要输出的能量；混合动力汽车制动时，制动产生的能量中可供动力电池使用的能量，再考虑制动能量回收率，则可求出混合动力汽车完成市郊循环运行，动力电池必须提供的能量。

混合动力汽车完成NEDC循环运行，动力电池必须提供的能量E_m等于车辆完成4个标准市区基本循环运行动力电池必须提供的能量+车辆完成市郊循环运行动力电池必须提供的能量。

混合动力汽车一个NEDC循环的行驶距离为11.022km，假设要求汽车循环工况续驶里程为S，则动力电池至少需要配置的能量为

$$E = \frac{SE_m}{11.022} \tag{4-18}$$

实际混合动力汽车动力电池匹配时，除了要考虑车辆附件的功率需求外，还要考虑传动系统效率、电机效率、电池放电效率、电池放电深度等。一般在理论数值的基础上加10%~20%的余量，以确保匹配的动力电池能充分满足混合动力汽车纯电工况的续驶里程要求。

如图4-5所示为某混合动力汽车纯电工况下一个NEDC循环所需要的动力电池能量。

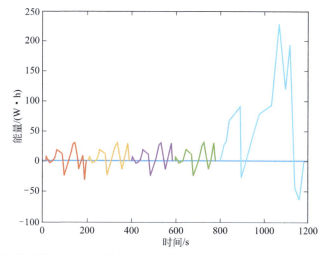

图4-5 某混合动力汽车纯电工况下一个NEDC循环所需要的动力电池能量

第三节
串联式混合动力汽车动力系统参数匹配

混合动力汽车动力系统参数匹配方法与其动力系统结构形式和工作模式密切相关，混合动力系统提供的功率和能量必须满足混合动力汽车行驶所需要的功率和能量。

串联式混合动力汽车动力系统主要由发动机-发电机组、驱动电机、动力电池、传动装置构成，可以产生以下工作模式。

① 纯电驱动模式。发动机关闭，混合动力汽车仅由动力电池组供电、驱动。

② 纯发动机驱动模式。混合动力汽车牵引功率仅来源于发动机-发电机组，而动力电池既不供电也不从驱动系统吸收任何功率。

③ 混合驱动模式。牵引功率由发动机-发电机组和动力电池共同提供。

④ 发动机驱动和动力电池充电模式。发动机-发电机组向动力电池充电和供给驱动混合动力汽车所需的功率。

⑤ 再生制动模式。发动机-发电机组关闭，驱动电机产生的电功率用于向动力电池充电。

⑥ 动力电池充电模式。驱动电机不接受功率，发动机-发电机组向动力电池充电。

⑦ 混合式动力电池充电模式。发动机-发电机组和运行在发电机状态下的驱动电机共同向动力电池充电。

对于串联式混合动力汽车，其工作模式是由控制策略决定的，并不完全一样。

串联式混合动力汽车动力系统参数匹配主要包括以下内容。

① 根据串联式混合动力汽车动力性要求，对驱动电机和传动装置的传动比进行匹配。

② 根据串联式混合动力汽车续驶里程的要求，对动力电池进行匹配。

③ 根据串联式混合动力汽车动力性要求，对发动机-发电机进行匹配。

一、驱动电机的匹配

对于串联式混合动力汽车的驱动电机，需要匹配的参数主要包括驱动电机的额定功率和峰值功率、额定转矩与峰值转矩、额定转速和最高转速。

驱动电机具有较理想的工作特性，如图4-6所示，具有长时间的额定特性以及短时工作的峰值特性，因此以连续功率输出满足最高车速的功率需求，而车辆的加速性能与爬坡性能可通过驱动电机短时间工作的峰值特性满足。

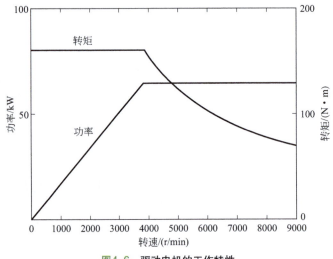

图4-6 驱动电机的工作特性

串联式混合动力汽车驱动电机参数匹配具有以下原则。

① 持续功率应满足最高车速时的功率需求，一般最高车速对应电机持续工作区，即电机额定功率。

② 必须满足爬坡性能和加速性能，一般最大爬坡度和全力加速时间对应的是电机短时工作区，即电机峰值功率。

1. 电机功率的匹配

驱动电机的功率对整车的动力性具有直接影响，电机功率越大，整车运行时的后备功率也越大，加速以及爬坡能力越强，但同时也会增加电机本身的体积和重量，进而影响整车的质量。驱动电机的额定功率一般由最高车速确定，峰值功率由整车的设计目标来确定，峰值功率应该达到最高车速、最大爬坡度和加速时间所对应的峰值功率需求。

混合动力汽车以最高车速在平坦道路行驶时的功率需求、最大爬坡工况下的功率需求以及满足加速时间的功率需求见式（4-2）～式（4-4）。

假设串联式混合动力汽车动力性指标需要满足纯电工况，则驱动电机的额定功率应大于以最高车速在平坦道路行驶时的功率需求；峰值功率应大于最大爬坡工况下的功率需求和满足加速时间的功率需求；同时也要考虑汽车附件的功率损耗。

正确选择驱动电机的额定功率非常重要。如果选择过小，则电机经常在过载状态下运行；相反，如果选择太大，则电机经常在欠载状态下运行，效率及功率因数降低，不仅浪费电能，而且增加动力电池的容量，综合经济效益下降。

在电机额定功率一定的情况下，额定转速越快，则电机体积越小，重量越轻。驱动电机的高效区一般处于额定转速附近，因此从经济性考虑，一般根据经济车速确定电机的额定转速。

2. 电机转速的匹配

电机额定转速为

$$n_e = \frac{u i_t}{0.377 r} \quad (4\text{-}19)$$

式中，n_e 为电机额定转速；u 为车辆经济车速；i_t 为传动系统传动比；r 为车轮半径。

电机最高转速与额定转速之比，称为电机恒功率区扩大系数。较大的恒功率区可改善车辆的动力性，在兼顾低速最大爬坡度的同时提高最高车速。但随着最高转速的提高，电机及减速装置的制造成本也会相应增加，因此电机最高转速的选择既要考虑动力性要求，又要考虑电机及减速装置的经济性等因素。

电机最高转速首先要满足车辆行驶最高车速需求，取车辆最高车速 u_{max}，依据式（4-19）得电机最高转速至少满足 n_{max}，一般以最高车速对应电机转速的1.2倍作为电机最高转速选取的值。

3. 电机转矩的匹配

电机的额定转矩和峰值转矩为

$$T_e = \frac{9550 P_e}{n_e} \quad (4\text{-}20)$$

$$T_{e_{max}} = \frac{9550 P_{e_{max}}}{n_e} \quad (4\text{-}21)$$

式中，$T_{e_{max}}$ 为电机的峰值转矩；T_e 为电机的额定转矩；n_e 为电机的额定转速。

驱动电机参数初步确定之后，还需验证是否满足一定车速下的最大爬坡度和汽车行驶最高车速的要求，即

$$\frac{mg}{T_{e_{max}} \eta_t} \left(f \cos\alpha_{max} + \sin\alpha_{max} + \frac{C_D A u_p^2}{21.15 mg} \right) \leqslant \frac{i_0}{r} \leqslant \frac{0.377 n_{max}}{u_{max}} \quad (4\text{-}22)$$

二、传动系统传动比的匹配

传动系统传动比首先要满足最高车速的要求，即

$$i_t \leqslant \frac{0.377 n_{max} r}{u_{max}} \quad (4\text{-}23)$$

传动系统传动比还要满足峰值转矩爬坡的要求，即

$$i_t \geq \frac{mg(f\cos\alpha+\sin\alpha)r}{T_{\max}\eta_t} \qquad (4\text{-}24)$$

式中，$T_{\max}$为电机峰值转矩。

传动系统传动比范围为

$$\frac{mg(f\cos\alpha+\sin\alpha)r}{T_{\max}\eta_t} \leq i_t \leq \frac{0.377n_{\max}r}{u_{\max}} \qquad (4\text{-}25)$$

三、动力电池的匹配

混合动力汽车动力电池主要有锂离子电池和镍氢电池。

串联式混合动力汽车动力电池为整车在纯电工况行驶时提供驱动所需电功率并吸收制动工况的回收能量，因此，动力电池能量需满足整车设计的纯电工况的续驶里程需求，同时应结合动力电池寿命等多方面因素进行综合考虑。

满足等速工况续驶里程需求的动力电池能量计算公式见式（4-14）～式（4-17）；满足NEDC工况续驶里程需求的动力电池能量计算公式见式（4-18）。

如果混合动力汽车的技术指标中既有NEDC工况续驶里程的要求，又有等速工况续驶里程的要求，则动力电池容量需求取两者的最大值。

四、发动机-发电机组的参数匹配

发动机-发电机组能根据整车控制策略为串联式混合动力汽车动力电池实时补充电能，以大幅扩展车辆的纯电续驶里程。同时，在短时大功率输出的情况下，发动机-发电机组能提供足够的后备功率，大幅改善车辆的动力性能。

1. 发电机的参数匹配

车辆在混合动力模式行驶过程中，发动机-发电机组开始工作，实时向动力电池输送功率。在动力电池SOC很低的情况下，车辆行驶的需求功率和附件的消耗功率都由发动机-发电机组提供，以此来确保动力电池的SOC不会进一步降低。因此，在发动机-发电机组参数匹配时，要求发电机的峰值功率要大于等于驱动电机匹配的峰值功率，根据该条件可确定发电机的功率范围。

2. 发动机的参数匹配

串联式混合动力汽车的主要优点在于车辆行驶过程中，发动机-发电机组可控制发动机工作在高效区间输出发电功率，这样可使发动机避免在怠速和低效区间工作，进而减少油耗和排放。因此，在串联式混合动力汽车发动机匹配中，要求发动机在额定工作区间（高效工作转速区间）的满载输出功率大于发电机的峰值功率，且发电机的额定转速处于发动机高效工作转速区间内。

串联式混合动力汽车动力系统参数匹配完成后，可以对串联式混合动力汽车的动力性和续驶里程进行验证，检验是否满足设计指标要求。

第四节 并联式混合动力汽车动力系统参数匹配

并联式混合动力汽车构型有P0～P4，可以分为变速器动力耦合和变速器后动力耦合。相比变速器后动力耦合，变速器前动力耦合对发动机和电机的动力要求降低。下面以一个实例介绍并联式混合动力汽车动力系统参数匹配。

并联式混合动力汽车动力系统匹配所需参数见表4-3。

表4-3 并联式混合动力汽车动力系统匹配所需参数

整车质量/kg	滚动阻力系数	空气阻力系数	迎风面积/m²	轮胎滚动半径/m
2470	0.015	0.62	6.216	0.364
旋转质量换算系数	传动系统效率	电机效率	电池放电效率	附件能量消耗比例系数
1.3	0.95	0.9	0.95	0.18

并联式混合动力汽车设计目标如下。
① 混合驱动模式下最高车速为100km/h。
② 混合驱动模式下30km/h的最大爬坡度为30%。
③ 混合驱动模式下0～100km/h加速时间为14s。
④ 纯发动机模式最高车速为85km/h。
⑤ 纯电机模式最高车速为60km/h。
⑥ 混合度大于40%。
⑦ 纯电动续驶里程为30km。

一、发动机和驱动电机参数匹配

根据并联式混合动力汽车基本参数和设计目标，将发动机和电机一同考虑进行整车最大总功率的匹配，通过整车最大总功率的分配，确定发动机与电机的主要参数。

1. 发动机和电机功率的匹配

并联式混合动力汽车在运行过程中，其动力来源于发动机和电机。发动机和电机的总功率取决于并联式混合动力汽车混合驱动时的最高车速、爬坡能力以及加速性能；发动机峰值功率则取决于汽车纯发动机模式时的最高车速；电机峰值功率取决于汽车纯电机模式时的最高车速。下面将从并联式混合动力汽车混合驱动时的最高车速、爬坡度、加速性能、汽车纯发动机模式时的最高车速、汽车纯电机模式时的最高车速5个方面进行发动机和电机功率的匹配。

① 根据并联式混合动力汽车混合驱动时最高车速确定的整车最大总功率为

$$P_{\max_1}=\frac{u_{\max}}{3600\eta_t}\left(mgf+\frac{C_DAu_{\max}^2}{21.15}\right) \tag{4-26}$$

式中，$P_{\max_1}$为根据并联式混合动力汽车混合驱动时最高车速确定的整车最大总功率；$u_{\max}$为并联式混合动力汽车混合驱动时的最高车速；m为整车质量；η_t为传动系统效率；f为轮胎滚动阻力系数；C_D为空气阻力系数；A为迎风面积。

② 根据并联式混合动力汽车最大爬坡度确定的整车最大总功率为

$$P_{\max_2}=\frac{u_p}{3600\eta_t}\left(mgf\cos\alpha_{\max}+mg\sin\alpha_{\max}+\frac{C_DAu_p^2}{21.15}\right) \tag{4-27}$$

式中，$P_{\max_2}$为根据并联式混合动力汽车最大爬坡度确定的整车最大总功率；$\alpha_{\max}$为最大坡度角；u_p为爬坡速度。

③ 根据并联式混合动力汽车加速性能确定的整车峰值功率为

$$P_{\max_3}=\frac{u_p}{3600\eta_t}\left(mgf+\frac{C_DA}{21.15}u^2+\delta m\frac{du}{dt}\right) \tag{4-28}$$

式中，$P_{\max_3}$为根据并联式混合动力汽车加速性能确定的整车最大总功率；δ为旋转质量换算系数；u为行驶速度；$\dfrac{du}{dt}$为加速度。

根据加速时间所确定的整车峰值功率为

$$P_{\max_3}=\frac{1}{3600\eta_t}\left(mgf\frac{u_e}{1.5}+\frac{C_DAu_e^3}{52.875}+\delta m\frac{u_e^2}{7.2t_e}\right) \tag{4-29}$$

式中，u_e为加速终止时的速度；t_e为由静止加速到u_e所需要的时间。

并联式混合动力汽车整车最大总功率为

$$P_{\text{total}}\geqslant\max(P_{\max_1},P_{\max_2},P_{\max_3}) \tag{4-30}$$

④ 根据并联式混合动力汽车纯发动机模式最高车速确定的发动机峰值功率为

$$P_{f_{\max}}=\frac{P_{f_{\max}}}{3600\eta_t}\left(mgf+\frac{C_DAu_{f_{\max}}^2}{21.15}\right) \tag{4-31}$$

式中，$P_{f_{\max}}$为根据并联式混合动力汽车纯发动机模式最高车速确定的发动机峰值功率；$u_{f_{\max}}$为并联式混合动力汽车纯发动机模式的最高车速。

⑤ 根据并联式混合动力汽车纯电机模式最高车速确定的电机峰值功率为

$$P_{e_{\max}}=\frac{u_{e_{\max}}}{3600\eta_t}\left(mgf+\frac{C_DAu_{e_{\max}}^2}{21.15}\right) \tag{4-32}$$

式中，$P_{e_{\max}}$为根据并联式混合动力汽车纯电机模式最高车速确定的电机峰值功率；$u_{e_{\max}}$为并联式混合动力汽车纯电机模式的最高车速。

根据发动机和电机匹配数学模型，编写发动机和电机功率需求仿真的MATLAB程序，就会得到行驶速度-整车总功率曲线，如图4-7所示；爬坡速度-整车总功率曲线如图4-8所示；加速时间-整车总功率曲线如图4-9所示；行驶速度-发动机功率曲线如图

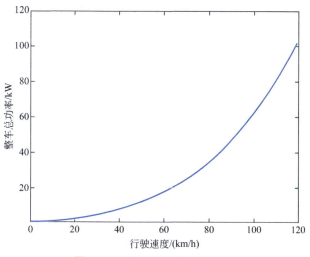

图4-7 行驶速度-整车总功率曲线

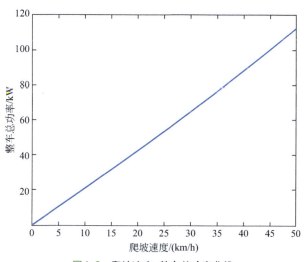

图4-8 爬坡速度-整车总功率曲线

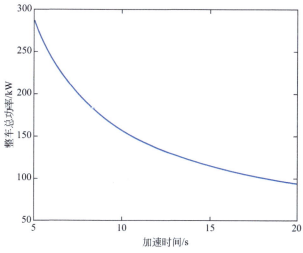

图4-9 加速时间-整车总功率曲线

4-10所示;行驶速度-电机功率曲线如图4-11所示。同时根据并联式混合动力汽车混合驱动模式最高车速确定的整车最大总功率P_{max_1}=102.26kW;根据最大爬坡度确定的整车最大总功率P_{max_2}=64.86kW;根据加速时间确定的整车峰值功率P_{max_3}=120.12kW;根据并联式混合动力汽车纯发动机模式最高车速确定的发动机峰值功率$P_{e_{max}}$=39.94kW;根据并联式混合动力汽车纯电机模式最高车速确定的电机峰值功率$P_{m_{max}}$=16.6kW。

选择发动机的峰值功率为70kW,电机的峰值功率为50kW,混合度为41.7%。

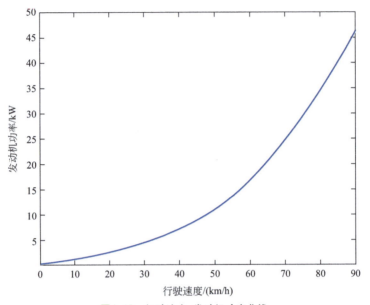

图4-10 行驶速度-发动机功率曲线

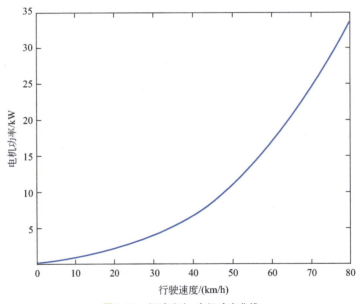

图4-11 行驶速度-电机功率曲线

2. 发动机参数的确定

根据发动机峰值功率匹配结果,选取一款柴油机,主要参数见表4-4。

表4-4 发动机峰值功率匹配参数

参数名称	参数值
峰值功率/kW	70
峰值功率转速/(r/min)	4000
峰值转矩/(N·m)	223
峰值转矩转速/(r/min)	1900
最高转速/(r/min)	4400

3. 电机参数的确定

已经确定电机的峰值功率为50kW。根据电机的设计经验，电机的过载系数在2~3之间取值，考虑到过载系数较大时电机的设计难度较大，过载系数取值为2。由于过载系数是电机峰值功率与额定功率的比值，电机的额定功率为25kW。

由于车用电机一般选用中高速电机，同时考虑到电机的功率密度与可靠性因素，选择电机的最高转速为6000r/min。用扩大恒功率系数β来表示电机最高转速与额定转速的比值，β一般在2~4之间取值，β取2.5，那么电机的额定转速为2400r/min。

根据电机额定功率、峰值功率和额定转速，可以得到电机的额定转矩为99N·m，电机的峰值转矩为198N·m。

综上所述，驱动电机匹配参数见表4-5。

表4-5 驱动电机匹配参数

参数名称	参数值
额定功率/kW	25
峰值功率/kW	50
额定转矩/(N·m)	99
峰值转矩/(N·m)	198
额定转速/(r/min)	2400
最高转速/(r/min)	6000
额定电压/V	336

二、机械变速结构传动比匹配

机械变速结构是并联式混合动力汽车的主要传动装置，能够减速增扭。机械变速结构的匹配就是对机械变速结构中的转矩耦合器、变速器和主减速器进行匹配，确定它们的传动比。

1. 主减速器和转矩耦合器传动比的匹配

主减速器和转矩耦合器的传动比应满足并联式混合动力汽车纯发动机模式的最高车速要求，即

$$i_0 k_1 \leqslant \frac{0.377 n_{f_{max}} r}{u_{f_{max}}} \quad (4\text{-}33)$$

式中，i_0为主减速器传动比；k_1为转矩耦合器从发动机端到输出轴的传动比；$n_{f_{max}}$为发动机最高转速；$u_{f_{max}}$为并联式混合动力汽车纯发动机模式的最高车速；r为车轮半径。

把已知的参数代入式（4-33）中，可得$i_0k_1 \leq 7.10$。

此外，当并联式混合动力汽车以最高车速行驶时，为了获得发动机峰值功率，主减速比还应该满足

$$i_0k_1 \geq \frac{0.377n_{ecp}r}{u_{f_{max}}} \quad (4-34)$$

式中，n_{ecp}为发动机峰值功率转速。

把已知的参数代入式（4-34）中，可得$i_0k_1 \geq 6.46$。

主减速器传动比与转矩耦合器从电机端到输出轴的传动比的选择应满足并联式混合动力汽车纯电机模式的最高车速要求，即

$$i_0k_2 \leq \frac{0.377n_{e_{max}}r}{u_{e_{max}}} \quad (4-35)$$

式中，k_2为转矩耦合器从电机端到输出轴的传动比；$n_{e_{max}}$为电机最高转速；$u_{e_{max}}$为并联式混合动力汽车纯电机模式的最高车速。

把已知的参数代入式（4-35）中，可得$i_0k_2 \leq 13.72$。

此外，当并联式混合动力汽车以最高车速行驶时，为了获得电机峰值功率，主减速比还应该满足

$$i_0k_2 \geq \frac{0.377n_{mcp}r}{u_{e_{max}}} \quad (4-36)$$

式中，n_{mcp}为电机峰值功率转速。

把已知的参数代入式（4-36）中，可得$i_0k_2 \geq 11.44$。

综上所述，$6.46 \leq i_0k_1 \leq 7.10$，$11.44 \leq i_0k_2 \leq 13.72$。

考虑到转矩耦合器和主减速器的体积大小，可以出步确定i_0、k_1和k_2，见表4-6。

表4-6 主减速器和转矩耦合器传动比

组数	i_0	k_1	k_2
1	3.2	2.03	3.75
2	3.35	2.03	3.58
3	3.5	2.03	3.43

2. 变速器传动比的匹配

对于应用转矩耦合器的并联式混合动力汽车来说，当转矩耦合器和主减速器传动比确定时，只需要确定变速器1挡传动比就可以得到传动系统的最大传动比。

当并联式混合动力汽车以低速爬坡时，不考虑空气阻力，其最大驱动力为

$$F_{t_{max}} = F_f + F_{i_{max}} \quad (4-37)$$

式中，$F_{t_{max}}$为汽车的最大驱动力；F_f为汽车的滚动阻力；$F_{i_{max}}$为汽车的最大坡度阻力。

式（4-37）可写成

$$\frac{T_{tq_{max}}i_{g_1}i_0k_1\eta_t}{r}=mgf\cos\alpha_{max}+mg\sin\alpha_{max} \qquad (4-38)$$

式中，$T_{tq_{max}}$为发动机峰值转矩；i_{g_1}为变速器1挡传动比；α_{max}为最大坡度角。

变速器1挡传动比为

$$i_{g_1}\geqslant\frac{mg(f\cos\alpha_{max}+\sin\alpha_{max})r}{T_{tq_{max}}i_0k_1\eta_t} \qquad (4-39)$$

把已知的参数代入式（4-39）中，可得$i_{g_1}i_0k_1\geqslant16.73$。

把式（4-34）的结果代入可得$i_{g_1}\geqslant2.35$。

初步确定变速器1挡传动比为2.5，将1挡传动比进行等比级数分配，可确定其他挡位的传动比，见表4-7。

表4-7 变速器各挡传动比

挡位	传动比
1	2.5
2	1.84
3	1.36
4	1.0
5	0.74

在确定变速器传动比后，需要验证所选的发动机是否满足汽车的功率需求。在进行参数匹配时，发动机和变速器传动比的选择是一个不断迭代的匹配过程，需要多次尝试后才可得到最终的变速器传动比。

根据匹配的发动机，发动机转速与转矩数据见表4-8。

表4-8 发动机转速与转矩数据

转速/（r/min）	899	1194	1593	1892	2389	2788	3186	3584	3982	4400
转矩/（N·m）	121.8	152.3	200.8	217.3	206.5	198.5	187.4	176.5	161.5	103.2

发动机转矩与转速的关系为

$$\begin{aligned}T_{tq}=&-6.936\times10^{-15}n^5+8.447\times10^{-11}n^4-3.76\times10^{-7}n^3+\\&7.14\times10^{-4}n^2-0.4782n+195.1\end{aligned} \qquad (4-40)$$

汽车驱动力为

$$F_t=\frac{T_{tq}i_gi_0k_1\eta_t}{r} \qquad (4-41)$$

式中，F_t为驱动力；i_g为变速器各挡传动比。

汽车行驶时的发动机功率为

$$P_e=\frac{F_tu}{3600} \qquad (4-42)$$

汽车滚动阻力功率、空气阻力功率分别为

$$P_f = \frac{mgfu}{3600}$$
$$P_w = \frac{C_D A u^3}{76140}$$ （4-43）

汽车行驶速度与发动机转速的关系为

$$u = \frac{0.377nr}{i_g i_0 k_1}$$ （4-44）

根据表4-6和表4-7，可以确定三组传动比，见表4-9。

表4-9 三组传动比数值

组数	1	2	3
i_0	3.2	3.35	3.5
k_1	2.03	2.03	2.03
k_2	3.75	3.58	3.43
i_{g1}	2.5	2.5	2.5
i_{g2}	1.84	1.84	1.84
i_{g3}	1.36	1.36	1.36
i_{g4}	1.0	1.0	1.0
i_{g5}	0.74	0.74	0.74

根据变速器传动比匹配数学模型，编写绘制汽车功率平衡图的MATLAB程序，改变主减速器传动比，就会得到汽车功率平衡图，如图4-12～图4-14所示，同时输出汽车最高车速分别为100.77km/h、101.95km/h、102.31km/h，也就是5挡功率和阻力功率相交点所对应的速度。

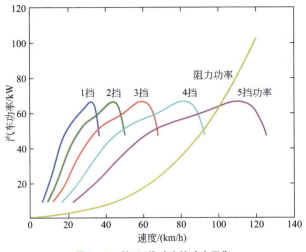

图4-12 第1组传动比的功率平衡

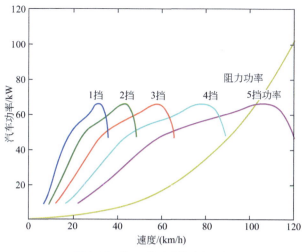

图4-13 第2组传动比的功率平衡

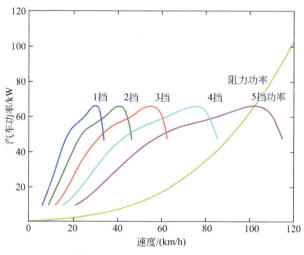

图4-14 第3组传动比的功率平衡

对比分析图4-12～图4-14这三组功率平衡图可以看出,主减速器传动比越大,汽车具备的后备功率越大,而且汽车能达到的最高车速也越大。但是考虑到整车的燃油经济性以及主减速器的体积,主减速器传动比不宜过大。综合考虑,选择第2组传动比。

三、动力电池参数匹配

1. 电压等级的选择

根据已经确定的电机的电压等级,选取336V作为蓄电池的电压等级。

2. 容量参数的确定

蓄电池总能量需要根据纯电动模式下的续驶里程确定。蓄电池总能量应满足以下要求

$$E_b \geq \frac{mgf + \frac{C_D A u^2}{21.15}}{3600\eta_t\eta_d\eta_e \text{DOD}(1-\eta_a)} S_d \tag{4-45}$$

式中，E_b 为蓄电池总能量；S_d 为纯电动匀速行驶设计目标里程；η_d 为电机效率；η_e 为动力电池放电效率；DOD 为动力电池放电深度；η_a 为汽车附件能量消耗比例系数。

蓄电池总容量为

$$C_b \geq \frac{mgf + \frac{C_D A u^2}{21.15}}{3.6\eta_t\eta_d\eta_e \text{DOD}(1-\eta_a)U_e} S_d \tag{4-46}$$

式中，C_b 为纯电动匀速行驶达到设计目标里程的蓄电池容量；U_e 为蓄电池端电压。

根据蓄电池参数匹配数学模型，编写蓄电池容量需求仿真的 MATLAB 程序，就会得到不同电池放电深度下的纯电动续驶里程与电池容量的关系，如图 4-15 所示；同时输出行驶速度为 60km/h、电池放电深度为 70% 所需求的电池容量 $C_E \geq 100.7\text{A} \cdot \text{h}$。

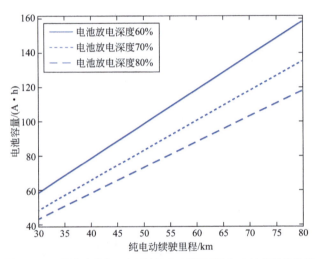

图 4-15 不同电池放电深度下的纯电动续驶里程与电池容量的关系

3. 蓄电池功率参数的选择

蓄电池的峰值功率与电机的峰值功率有关，即

$$P_{b_{\max}} \geq \frac{P_{e_{\max}}}{\eta_d\eta_e} \tag{4-47}$$

式中，$P_{b_{\max}}$ 为蓄电池的峰值功率。

把已知参数代入式（4-47），可得蓄电池峰值功率应大于 61.7kW，考虑到汽车附件功率，最终确定蓄电池峰值功率为 65kW。

4. 电池单体数目和连接方式的确定

选取三元锂离子电池，其单体电池电压为 3.7V，容量为 1.2A·h。为了满足蓄电池电压的要求，选用 92 块三元锂离子电池串联，串联的蓄电池组电压为 340.4V，容量为

110.4A·h，满足匹配的蓄电池电压及容量要求。

综上所述，蓄电池匹配参数见表4-10。

表4-10 蓄电池匹配参数

参数名称	参数值
电池容量/(A·h)	110
电池单体数量/个	92
单体电池电压/V	3.7
额定电压/V	336

第五节 混联式混合动力汽车动力系统参数匹配

在混合动力汽车中，动力源部件的协调工作对整车的性能影响很大，尤其对混联式混合动力汽车。由于动力分配装置的存在，其对动力源部件的匹配及合理控制要求更高。

混合动力汽车获得高的燃油经济性主要通过以下原则来实现。

（1）将较小型发动机安装在汽车上并使发动机在较高负荷下工作（获取较高的效率）。

（2）将制动时产生的能量转换为电能用于汽车加速或为其提供动力。

（3）采用高效率的电机将汽车从静止状态启动起来。

下面以某汽车为例，保持原车的外形参数不变，只对其动力系统进行重新设计，动力系统采用混联式结构。

一、发动机参数匹配

发动机由于自身特性的显著非线性，其真实模型相当复杂，通常采用高阶多项式近似方程进行模型描述，但多项式的阶数过高又不便于模拟计算，因此直接引用这些数学模型并不合适。为了解决这个问题，ADVISOR软件采用了实验数据建模法，即通过对大量的实验数据（如发动机的万有特性图和排放特性数据）分析处理获得描述发动机工作特性的近似方程。此处采用上面的几条原则对发动机功率进行设计。

发动机功率的选择对混联式混合动力传动系统的设计至关重要。发动机功率偏大，车辆燃油经济性和排放性能就差；发动机功率偏小，后备功率就小，电机只有提供更多的驱动功率，才能满足车辆一定的行驶性能要求，这势必引起电机功率和电池组容量取值的增大和车辆成本的增加。另外，电池组数目增多，在车辆上布置困难，汽车重量增加，仅依靠发动机的富裕功率难以维持电池组的额定电量，限制了车辆的续驶里程。

因此，设计出能满足原车动力性能要求的小功率发动机是降低油耗和尾气排放的关键。与普通动力传动系统相比，混合动力汽车发动机可限制在某一特定区域工作，特定区域的选择可考虑使发动机燃油消耗最小和尾气污染物排放最少，即考虑发动机燃油消耗率较小的高负荷区。考虑发动机单独驱动的情况，汽车行驶时的功率平衡方程为

$$P_e = \frac{u}{3600\eta_t}\left(mgf + mgi + \frac{C_D A u^2}{21.15} + \delta m \frac{du}{dt}\right) \qquad (4\text{-}48)$$

式中，P_e 为发动机输出功率；m 为整车质量；f 为滚动阻力系数；i 为汽车行驶的坡度；C_D 为迎风阻力系数；A 为迎风面积；u 为行驶车速；η_t 为传动系统效率；δ 为汽车旋转质量换算系数；$\frac{du}{dt}$ 为汽车行驶加速度。

根据式（4-48）可以得到汽车匀速行驶时各种坡度下的行驶车速与所需功率的关系曲线，如图4-16所示。

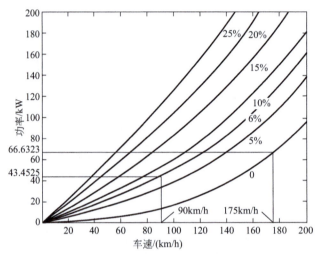

图4-16 汽车匀速行驶时各种坡度下的行驶车速与所需功率的关系曲线

原发动机的峰值功率为92kW，最高转速为7500r/min。从图4-16中可以看出，汽车达到最高车速175km/h时，发动机只需发出约67kW的功率。由汽车的功率平衡图可以知道，当汽车在城市间高速路上以常规速度（即速度为80～120km/h）行驶时，发动机具有很大的后备功率，即发动机的负荷率较低，燃油经济性较差。汽车在满载的情况下，在6%的坡度上以90km/h的速度行驶时，发动机只需发出约44kW的功率。然而在混联式混合动力系统中，由于电机的存在，发动机可减小用于加速和爬坡的后备功率，使发动机经常工作在较高的负荷率下来提高燃油经济性。当发动机发出55kW的功率时，汽车在水平路面上行驶车速可达到164km/h，而汽车在城市间的高速路上行驶时车速一般不会超过140km/h，因此，设计发动机的峰值功率为55kW，这样既可以降低发动机的排量，又可以提高发动机的负荷率，有利于排放和燃油经济性。同时，发动机的最高转速设计也很关键。发动机最高转速过高时会加剧部件之间的磨损，降低发动机效率；而发动机最高转速过低时可能造成最高车速降低。考虑到部件磨损和最高车速的合理性，通过对现有中小功率发动机进行分析，设计发动机最高转速为6000r/min。

二、电机匹配

电机在混联式混合动力汽车上起着很重要的作用，它既可以作为起动机使用，又可以起到串联和并联结构中驱动电机的作用，还可以在制动时作为发电机回收制动能量。因此，在混联式混合动力汽车上对以电动和发电模式下工作的电机有更高的要求：恒转矩、恒功率（弱磁控制）工作，高效率的大功率输出，接近双倍功率的过载量（出现于车辆再生制动时的发电模式下，此时电机转速变化范围在几转到上万转）。

1. 逆变器/电机控制策略

在提出电机工作特性和设计参数之间的关系之前，首先要说明逆变器/电机的控制策略。它是驱动系统中涉及电机选型和设计在内的大多数因素的基本依据。电机在最大输出时的逆变器/电机控制策略如图4-17所示。

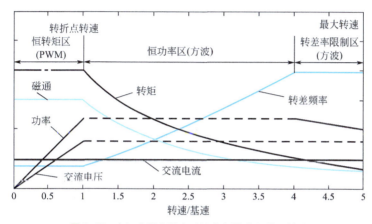

图4-17　电机在最大输出时的逆变器/电机控制策略

电机的转矩-速度曲线给出了驱动电机期望的宽调速范围轮廓，具有三个特征工作区，即恒转矩区、恒功率区和转差率限制区。

恒转矩区是从零转速到基速。在这个区域里，逆变器在PWM模式下工作，为电机提供变化的频率和变化的电压。为了保持恒磁通，交流电压要随速度（频率）的变化而调整，因此，交流电压基本上随速度（频率）成正比增长。转子中感应电压频率保持恒定，并且交流电流几乎不变，这就产生了几乎保持恒定的转矩。当然，由图4-17可知，电机的输出功率与速度成正比，所以功率随速度上升到基速。这种控制方法在交流电压达到逆变器可提供的最大值之前是可行的。恒转矩区电机的工作特性与单独励磁的直流电机相同。此后，电机控制从恒转矩区步入恒功率区。

恒功率区的范围从基速到最大速度（恒功率区结束时刻的速度）。在这个区域里，逆变器给电机提供可变频率，而交流电压保持不变。因此，电磁转矩与速度平方成反比减小，电机输出功率几乎恒定。

转差率限制区是从恒功率区结束时刻到最大转速。在这个区域里，任何进一步提高速度都必须保证转差频率恒定，交流电压和磁通密度的变化与恒功率区一致，电磁转矩随速度平方成反比减小，同时电机功率也减小。

转矩可以通过带有两挡或多挡变速器的齿轮箱传递到车轮上。当齿轮脱离低速齿轮（大传动比）而与高速齿轮（小传动比）啮合时，电机在恒功率区易于操纵。汽车在市区行驶时的最大速度（如80km/h），仅需通过脚踏板调节基本挡就可以实现。满足混合动力汽车驱动要求最好的解决办法是采用无级变速器。

2. 电机功率的匹配

适用于混合动力汽车使用的电机外特性如下：在额定转速以下，电机以恒转矩模式工作；在额定转速以上，以恒功率模式工作。相应参数选取包括电机额定功率、电机额定转速与电机最高转速。

依据控制策略，电机启动功率应满足汽车的最大爬坡度和加速时间要求。由于在确定发动机功率时已考虑了因发动机按照最小油耗曲线工作而需增加的功率裕量，为简单起见，可设汽车在混合驱动工况时，以最大速比原地起步加速或爬坡，节气门全开，当发动机转速达到最高功率对应的转速时，控制发动机保持在该点工作，并控制电机保持在该转速下工作，调整发电机转速及速比来提高车速。

由最大爬坡度和原地起步加速时间要求，得

$$F_{t_{max}}-mgf\cos\alpha_{max}-mg\sin\alpha_{max}-\frac{C_DAu_f^2}{21.15}=0 \quad (4\text{-}49)$$

$$t-\frac{1}{3.6}\int_0^u\frac{\delta m}{F_t-F_f-F_w}du=0 \quad (4\text{-}50)$$

式中，$F_{t_{max}}$ 为最大驱动力；u_f 为最大驱动力所对应的车速；u 为车速；t 为 $0\sim u$ 的加速时间；F_t 为驱动力；F_f 为滚动阻力；F_w 为空气阻力。

混合驱动的驱动力和最大驱动力都是电机启动功率的函数。使用MATLAB中的函数fzero求解，得到满足加速时间或最大爬坡度要求的最小电机启动功率。取两者之中较大值作为电机启动功率，数值整数化后为40kW。

电机的最高转速对传动系统的尺寸、电机的额定转矩都有影响。电机的最高转速与额定转速的比值，称为电机的扩大恒功率系数 β。在电机功率一定时，随 β 值的增大，转速降低；对应的电机额定功率越高，对电机的支撑要求越高。此外，高转矩需较大的电机电流，其增大了功率变换器的尺寸和损耗，但大 β 又是车辆起步加速和稳定行驶所必需的，所以电机传动轴额定转矩的减少只能通过选用高速电机来解决。但这又影响传动比，所以必须协调考虑电机的最高转速和传动系统的尺寸。另外，增大 β 值也会使驱动轴转矩和齿轮应力增大，选择时还要考虑 β 值和齿轮应力。β 值一般选择在 4～6。此处对比原有的交流感应电机，考虑上面因素的影响，选取电机最高转速为9000r/min，扩大恒功率区系数 $\beta = 4.5$。

通过分析可知，当发动机、电机与电池功率不变，并且整车总质量不变时，改变电机的功率对整车的动力性与经济性影响非常微小，因此本车采用小型、轻量、高效的交流永磁同步电机，额定功率为15kW，质量为33kg。

三、动力电池匹配

混合动力汽车上的动力电池，其使用状况不同于纯电动汽车，在工作中动力电池处于非周期性的充放电循环中，故要求动力电池的充放电速率和效率高。

1. 电池通用模型

电池能量模型建立的基础是电池的等效电路图，其等效电路如图4-18所示。图4-18中 R_{e_1} 为电解液电阻；R_e 为电极电阻；U_a 为电池电压；i_a 为电池负载电流；E 为电池端电压。

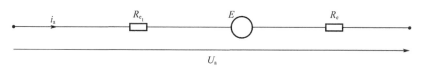

图4-18 电池的等效电路

由电池等效电路，可计算出电池两端的电压降。电压与电池的工作状态有关。计算如下。

电池放电时，电池电压为

$$U_a = E - i_a R_{w_1} \quad (4-51)$$

式中，R_{w_1}为电池放电内阻。

电池充电时，电池电压为

$$U_a = E - i_a R_{w_2} \quad (4-52)$$

式中，R_{w_2}为电池充电内阻。

2. 电池功率

电池的通用模型均是时间的函数，具有动态特性，从而可以计算出电池或使用电池的整个传动系统的许多物理量的时间均值。然而，具体的汽车行驶功率的变化与电池的瞬时负载电流、电压和内阻的变化，特别是与电池中的能量变化密切相关。

对于给定类型的电池，使用其通用模型可计算出电池各种荷电状态下的指标值，如内阻、电动势等。

为了保证电池的寿命，通常要求电池放电时的放电深度不大于0.75。在电池的放电过程中，希望电池的放电电压保持恒定，为电机提供一个稳定的工作条件。而电池的电压是荷电状态的函数，混合动力汽车上电池理想的工作区是SOC=0.4~0.8。

电池的容量及功率的大小会影响整车的燃油经济性。增大电池的功率会使发动机的负担降低，改善经济性和排放性能，但是增大电池功率的同时会使整车的重量大大增加，又会降低动力性、经济性和排放性。在混联式驱动系统中，电池和发电机可以同时供给电机能量，暂时忽略能量流动中的损失，理论上使得电池组功率与发电机功率之和等于电机功率，因此，设计电池组的功率为25kW。

3. 电池仿真模型

由于电池在充放电时伴随着复杂的电化学反应，电化学反应产生的热量导致电池温度发生变化。因此，电池的电化学特性是与各种随机变量相关的非线性函数，实际上，电化学电池动态模型的建立有两方面：一方面要从分析它的内在机理出发；另一方面还要借助实验测试来拟合非线性变量之间的关系。建模的基础是确定电池的电动势和内阻的特性函数。特性函数的确定是基于对内阻随电池SOC变化关系的测试结果。这种建模方法建立的电池模型通常被称为内阻模型。蓄电池的输出功率受等效电路所能输出的峰值功率或电机功率控制器所能接受的峰值功率的影响，并且约定，输出功率为正时，电池处于放电状态；输出功率为负时，电池处于充电状态。电池能量模型可以通过电池的等效电路来描述。

（1）电池开路电压和内阻计算模块 这个模块根据给定的当前的SOC值和电池的功率需求来计算单个电池的开路电压和内阻。模块首先根据SOC值和电池的温度，采用插值法，分别求出开路电压和充电及放电时的内阻，得到的单个电池的电压与电池块数的乘积为总的开路电压输出值，单个电池的充电或放电内阻乘以电池数量并经过转换控制器得到合适的内阻。

（2）功率限制模块　这个模块可以用来防止计算电池负载电流的功率超出SOC值、等效电路的参数值和电机控制器允许最小电压等的限制。模型顶部是电池SOC值的判断，如果电池电量耗尽，则控制电池的输出功率为零。电池最大输出功率受到三个参数的限制：电池组总电压、电机功率控制器允许最小电压及电池组最小可用电压。电池工作电压不能低于电机最小驱动电压和电池最低电压。如果这两个极限都没有超越，同时电压也等于开路电压的1/2，那么此时将输出峰值功率。

（3）电池负载电流计算模块　电池负载电流计算模块将根据电功率的定义和基尔霍夫电压定律求解关于负载电流的二次方程。模块上部是根据基尔霍夫电压定律计算负载电流。在充电过程中电压不能超出最大值。

（4）SOC计算模块　通过计算可以得出SOC的近似值，从而可以确定电池的剩余电量。这里涉及的库仑定律和电池最大容量均是电池温度的函数。仿真开始时，通过计算所有放电电流和充电电流的总和，确定电池总电量的变化。初始SOC被置为非零状态，电池变化的电量与初始的电量求和得到剩余电量，剩余电量与电池最大容量的比值即为电池的SOC值。

（5）电池散热模型　该散热模型可以预报车辆在行驶过程中和电池充电期间电池的平均温度和表面温度。电池采用自然风冷却方式，该散热方式有辐射和传导两种形式。由电池内阻产生的热量和电池表面热量计算出电池的温度，将其反馈到自动调温器中，如果电池温度超过设定温度就使冷却风开启，由此又可以得到电池表面的热量和空气的温度。由电池表面的热量可以得到空气的热量。由反馈控制可以使电池冷却。

（6）电池总成模型　根据上述建模方法，电池模型根据动力总线的功率需求计算出电池SOC的近似值，并输出可用功率。功率损失按内阻损失加上库仑效率定律确定的功率损失计算。组合上面的主要模块，电池的总成模型如图4-19所示。

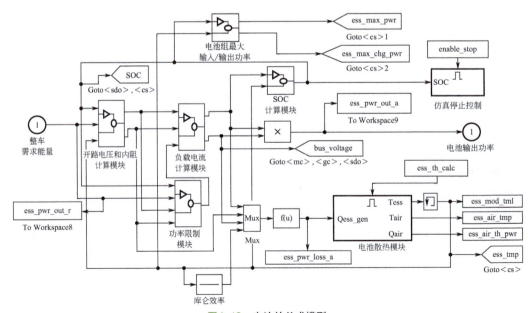

图4-19　电池的总成模型

四、动力分配装置

假设在混联式混合动力传动结构中，用于实现能量分流和综合的动力分配装置是一个行星齿轮机构，其中行星架与发动机的输出轴相连，齿圈与电机的转轴相连，同时也与输出齿轮相连，而太阳齿轮轴发出的动力驱动发电机发电，中间与离合器相连，必要时锁死太阳轮，使行星齿轮机构以一定的传动比工作。发电机的转子刚性连接在发动机的输出轴上。动力分配装置如图4-20所示。

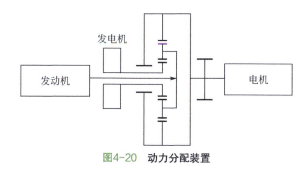

图4-20 动力分配装置

通过对行星机构的变速比和受力分析可以得到如下方程组。

$$\omega_1 + k_p \omega_2 - (1+k_p)\omega_3 = 0$$
$$T_3 = \frac{1+k_p}{\eta_s} T_1 = \frac{1+k_p}{\eta_R k_p} T_2 \tag{4-53}$$

式中，k_p为齿数比，即齿圈齿数与太阳轮齿数之比；ω_1、ω_2、ω_3分别为太阳轮、齿圈和行星架的角速度；T_1、T_2、T_3分别为太阳轮、齿圈和行星架的转矩；η_s为由太阳轮到行星架的效率；η_R为由齿圈到行星架的效率。

作用在驱动轮上的转矩是由发动机产生的转矩经过动力分配装置后传至车轮上的，因此驱动力为

$$F_t = \frac{T_{tq} i_0 \eta_t}{r} \tag{4-54}$$

式中，T_{tq}为作用在齿圈上的总转矩；i_0为主减速器传动比；η_t为传动系统效率；r为车轮半径。

齿数比和主减速器传动比的取值对整车的动力性有很大的影响。混合动力汽车的最高车速不小于165km/h，0~100km/h的加速时间不大于13.5s，此处的动力分配机构作为变速器使用。根据前面动力源的设计与此处动力性的约束设计，可设计$k_p=108:30$，$i_0=5.94$。

混联式混合动力系统的行星齿轮机构可以充分满足车辆用任何一种独立驱动模式或任何一种混合驱动模式，平稳有序地运转来带动车辆行驶，不会发生任何的运动干扰。使用多能源动力总成控制模块，随机地转换车辆的驱动模式，可使发动机和驱动电机始终保持最佳效率状态。

五、整车仿真模型

分别对混联式混合动力汽车的各个重要模块进行数学建模与仿真建模，把各个仿

真模块封装起来，加入混联式混合动力汽车的整车模型中，并进行连接，得到其总体框架，如图4-21所示。

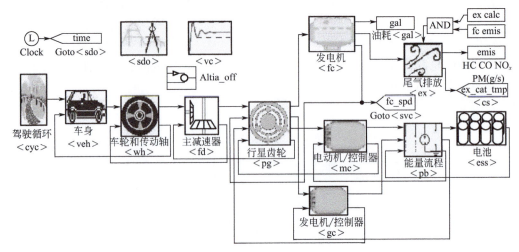

图4-21 整车仿真模型总体框架

六、控制策略

混联式混合动力汽车有以下几种控制方法。

（1）恒工作点控制方法　由于发动机的转速可以通过调节发电机的转速来调整，因此发动机的转矩和转速都可以不受制于汽车复杂的工况，驱动系统的控制策略与串联式混合动力汽车相似。

（2）总功率损失最小化原则　功率的分配可以根据总功率损失最小来定义，包括所有零部件的总效率损失。

（3）维持电池的SOC值　在这种方法中，当车辆需要较大的加速时，发动机和电机同时驱动车轮。当需要比较小的驱动功率时，发动机被关闭，电机输出驱动功率；当所需功率比较适中时，发动机驱动车轮并通过发电机来给电池充电，充电功率根据SOC值的大小而不同。

混联式混合动力系统通过行星齿轮装置结构实现控制方法的可操作性。此处采用了以设定车速和电池SOC值为控制信号的控制方法，通过动力分配装置的执行，灵活地选用最优的能量流动途径，工作模式及能量流动如图4-22所示。

图4-22中，A的能量流动路线为电池→逆变器→电机→驱动轮；B的能量流动路线为发动机→驱动轮；C的能量流动路线为发动机→发电机→电机→驱动轮；D的能量流动路线为发动机→发电机→逆变器→电池；E的能量流动路线为驱动轮→电机→逆变器→电池。

车辆启动或轻载工况：由于发动机不能有效工作，因此关闭发动机，而由电机单独驱动车辆。

车辆减速或制动工况：电机以发电模式工作，实现再生制动。

车辆正常行驶工况：发动机输出功率的一部分用于直接驱动车辆，剩余部分经发电机转化为电能后向电机供电。

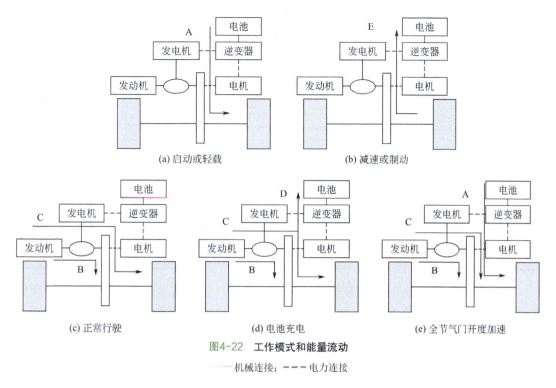

图4-22 工作模式和能量流动
—— 机械连接； --- 电力连接

电池组充电工况：当车载电池组电量偏低时，即使已经停车，发动机也应继续工作并对电池组进行补充充电。

全节气门开度加速工况：由电机和发电机共同驱动车辆。

七、仿真实例

在汽车这样一个非常复杂的非线性动态系统中，单纯地建立数学模型来对设计变量进行优化是很难的。很多所谓的优化匹配都是使用动力性指标作为约束简单计算得来的，得到的数据只是建立在理论分析基础上的，并没有达到真正意义上的优化。可以使用仿真软件ADVISOR与数值计算结合进行优化，效果显著高于简单的计算选取。在前面合理设计的数据基础上会使所需测试的数据大大减少，加快优化速度。

由理论分析可知，在其他条件不变时，整车的动力性和燃油经济性是三大动力元件功率的函数，而且是复杂的多变量非线性函数，很难得到其具体的表达式。这就需要使用数值分析的方法把仿真测试得到的有限个离散数据进行三维插值，可以得到需要范围内的任何数值。由于在此处的实际问题中功率的数值一般取为整数，故使用整数点插值即可。对各种性能的重要性进行加权分析，使用MATLAB中的MIN函数容易得到插值数据中的最小值，同时找出对应于最小值的设计变量值作为最终的设计结果。保持整车的外形尺寸不变，使用仿真模型测试数据，对测试数据进行插值计算并加权处理后进行优化，提取得到的设计结果：发动机功率为40kW，电池功率为35kW，电机功率为48kW。

得到动力源优化分配的结果之后，再使用仿真软件对整车的性能进行仿真分析，在NDEC循环工况下，分别对使用传统设计方法和优化设计方法得到的整车性能进行仿真分析。汽车性能数据见表4-11。

表4-11 汽车性能数据

性能		原车性能	传统设计车性能	优化设计车性能
动力性	最高车速/(km/h)	>170	>170	>170
	0~100km/h的加速时间/s	13.5	12.4	13
	60~120km/h的加速时间/s	<12	10.6	11.4
	最大爬坡能力/%	25	>25	>25
经济性	多工况油耗/(L/100km)	7.5	5.1	4.4
排放性	NO_x/(g/km)	0.53	0.138	0.124
	CO/(g/km)	3.16	1.069	0.825
	HO/(g/km)	0.6	0.236	0.18

可以看出，改装后的汽车最高车速与原车的最高车速基本相等，加速能力和爬坡能力稍稍好于原车，重要的是油耗和排放明显好于原车。由这些数据可以得到如下结论：在没有降低原车动力性的条件下，经改装的混联式混合动力汽车燃油经济性与排放性能都有明显的改善，达到节能和环保的目的。

同时发现，采用传统设计方法改装的车在动力性上稍好于采用优化方法改装的车，但在经济性上后者要远远好于前者。在车的动力性没有降低的情况下，盲目地提高动力性是没有必要的，这就说明了传统的设计方法得到的结果并不是最优解，优化出来的设计值才能使整车的综合性能达到最佳。

第五章

混合动力汽车仿真

本章主要介绍基于MATLAB的混合动力汽车仿真，利用MATLAB提供的混合动力汽车仿真模型，可以进行混合动力汽车的在环测试、部件选择、性能评价和控制参数优化等，可用于混合动力汽车的产品开发。本章仿真所采用的模型和参数都是MATLAB默认的模型和参数，这些模型和参数也可以根据需要自行修改。

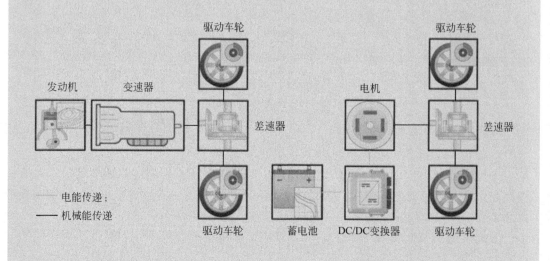

第一节 动力总成模块简介

MATLAB/Simulink提供了动力总成模块,如图5-1所示,它主要包括储能和辅助驱动(Energy Storage and Auxiliary Drive)、传动系统(Drivetrain)、推动力(Propulsion)、变速器(Transmission)、车辆动力学(Vehicle Dynamics)、车辆场景生成器(Vehicle Scenario Builder)和实用工具(Utilities)。

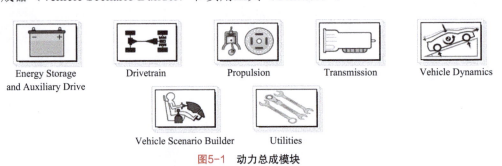

图5-1 动力总成模块

一、储能和辅助驱动

储能和辅助驱动如图5-2所示,它又包括网络电池(Network Battery)、数据表电池(Datasheet Battery)、起动机(Starter)、交流发电机(Alternator)、DC/DC变换器(DC-DC)。

图5-2 储能与辅助驱动

网络电池模型包括估算等效电路电池(Estimation Equivalent Circuit Battery)和等效电路电池(Equivalent Circuit Battery)模型,如图5-3所示。估算等效电路电池是一个基于电阻电容(RC)的等效电路电池模型,用该模型可以创建SOC和电池温度的函数查询表,还可以计算电池电压;等效电路电池是一个基于电阻电容(RC)的等效电路电池模型,该模型使用负载电流和内部温度可以计算SOC和电压。

数据表电池模型如图5-4所示,它根据不同温度下的放电特性,实现不同类型的电池模型。

起动机模型如图5-5所示,它属于直流电机,用于发动机的启动。

交流发电机模型为减速伦德尔发电机(Reduced Lundell Alternator),如图5-6所示,它主要用于发电,并能够进行电压调节,与发动机配合使用。

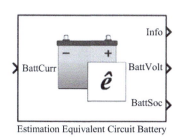
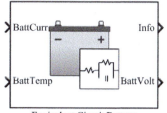

图5-3 网络电池模型

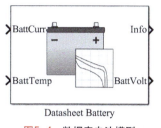
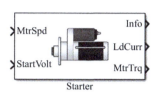
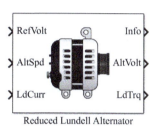

图5-4 数据表电池模型　　图5-5 起动机模型　　图5-6 交流发电机模型

双向DC/DC变换器（Bidirectional DC/DC）模型如图5-7所示，它支持直流到直流变换，并能够实现双向升压或降压。

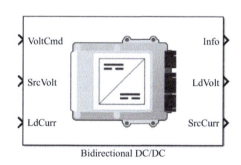

图5-7 双向DC/DC变换器模型

二、传动系统

传动系统如图5-8所示，它又包括最终传动装置（Final Drive Unit）、车轮（Wheels）和联轴器（Couplings）。

图5-8 传动系统

传动系统包括开式差速器（Open Differential）模型和限滑差速器（Limited Slip Differential）模型，如图5-9所示。差速器为行星锥齿轮系，传动比、阻尼系数、联轴器类型等可以自行设定。

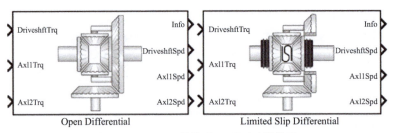

图5-9 开式差速器模型和限滑差速器模型

车轮模型如图5-10所示，它包括无制动车轮（Longitudinal Wheel-No Brake）模型、盘式制动器车轮（Longitudinal Wheel-Disk Brake）模型和鼓式制动器（Longitudinal Wheel-Drum Brake）模型。

图5-10 车轮模型

联轴器模型如图5-11所示，它包括柔性联轴器（Torsional Compliance）模型、刚性联轴器（Rotational Inertia）模型、分裂柔性联轴器（Split Torsional Compliance）模型、离合器（Disc Clutch）模型、齿轮箱（Gearbox）模型、行星齿轮（Planetary Gear）模型。柔性联轴器模型可以实现平行弹簧-阻尼器耦合；刚性联轴器模型可以实现转动动力学；分裂柔性联轴器模型可以实现单输入双输出的弹簧-阻尼器耦合；离合器模型代表干式摩擦离合器；齿轮箱模型代表一个理想的固定齿轮联轴器，提供转矩输入以产生相应的响应输出；行星齿轮模型代表一个理想的行星齿轮联轴器，包括一个太阳轮、齿圈和行星架，提供转矩输入以产生相应的响应输出。

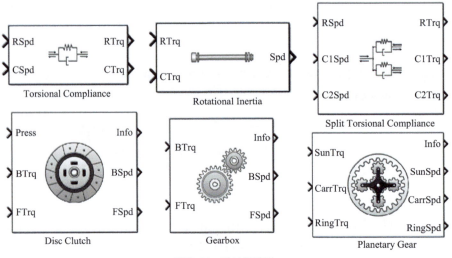

图5-11 联轴器模型

三、推动力

推动力如图5-12所示，它又包括内燃机（Combustion Engines）、内燃机部件（Combustion Engines Components）、内燃机控制器（Combustion Engines Controllers）、电机和逆变器（Electric Motors and Inverters）、电机控制器（Electric Motor Controllers）。

图5-12 推动力

内燃机模型如图5-13所示，它包括汽油机（Mapped SI Engine）模型和柴油机（Mapped CI Engine）模型。

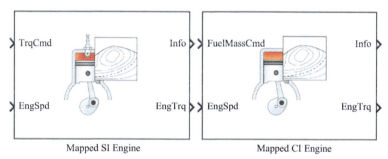

图5-13 内燃机模型

内燃机部件主要包括基本流和增压。基本流模型如图5-14所示，它包括流量限制（Flow Restriction）模型、热交换器（Heat Exchanger）模型、控制体积系统（Control Volume System）模型和流动边界（Flow Boundary）模型。

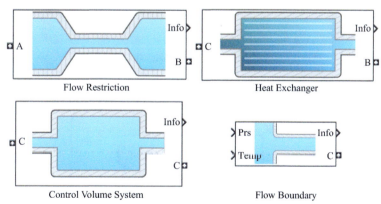

图5-14 基本流模型

增压模型如图5-15所示，它包括涡轮机（Turbine）模型、增压驱动轴（Boost Drive Shaft）模型和压缩机（Compressor）模型。

内燃机控制器模型如图5-16所示，它包括汽油机控制器（SI Controller）模型和柴油机控制器（CI Controller）模型。

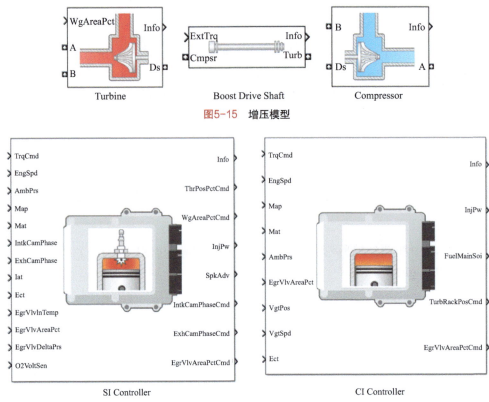

图5-15 增压模型

图5-16 内燃机控制器模型

电机和逆变器模型如图5-17所示，主要有永磁同步电机（Interior PMSM）模型、感应异步电机（Induction Motor）模型和三相电压源逆变器（Three-Phase Voltage Source Inverter）模型。

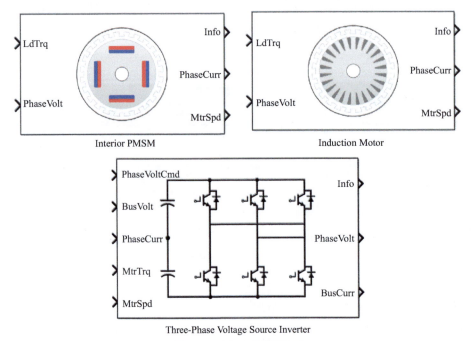

图5-17 电机和逆变器模型

电机控制器模型如图5-18所示，主要包括永磁同步电机控制器（Interior PM Controller）模型和感应异步电机控制器（IM Controller）模型。

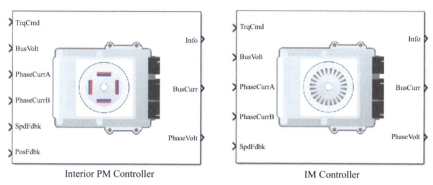

图5-18　电机控制器模型

四、变速器

变速器如图5-19所示，它又包括变速器系统（Transmission Systems）、变速器控制器（Transmission Controllers）和液力变矩器（Torque Converters）。

图5-19　变速器

变速器模型如图5-20所示，它包括理想固定齿轮传动（Ideal Fixed Gear Transmission）模型、AMT变速器（Automated Manual Transmission）、双离合变速器（Dual Clutch Transmission）模型和无级变速器（Continuously Variable Transmission）模型。

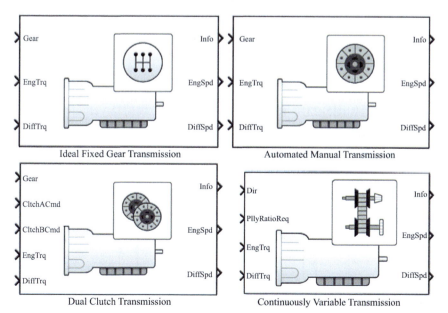

图5-20　变速器模型

变速器控制器模型如图5-21所示，主要包括AMT变速器控制器（AMT Controller）模型、双离合变速器控制器（DCT Controller）模型和无级变速器控制器（CVT Controller）模型。

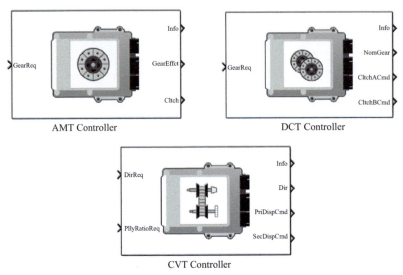

图5-21　变速器控制器模型

液力变矩器模型如图5-22所示。

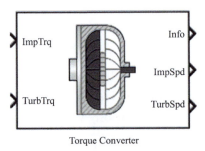

图5-22　液力变矩器模型

五、车辆动力学

车辆动力学模型如图5-23所示，它包括车体总道路载荷（Vehicle Body Total Road Load）模型、车辆纵向单自由度（Vehicle Body 1DOF Longitudinal）模型和车辆三自由度（Vehicle Body 3DOF Longitudinal）模型。

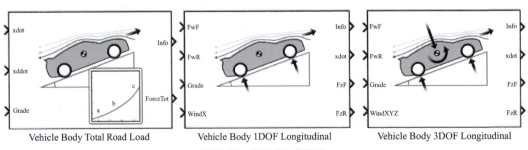

图5-23　车辆动力学模型

六、车辆场景生成器

车辆场景生成器模型如图5-24所示，它包括驱动循环源（Drive Cycle Source）模型和纵向驱动器（Longitudinal Driver）模型。驱动循环源模型是一个标准的或用户指定的循环工况，其输出是车辆的纵向速度；纵向驱动器模型用于生成加速或制动命令。

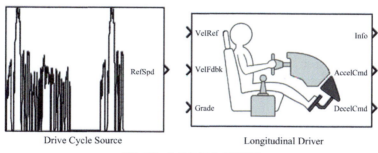

图5-24 车辆场景生成器模型

第二节 混合动力汽车P0构型仿真

用于仿真的混合动力汽车P0构型动力系统配置如图5-25所示，它主要由发动机、电机、蓄电池和变速器等组成。P0构型的电机位于发动机前端，电机与发动机曲轴通过传动带柔性连接。默认情况下，为发动机为汽油机，电机为永磁同步电机，蓄电池为锂离子电池。

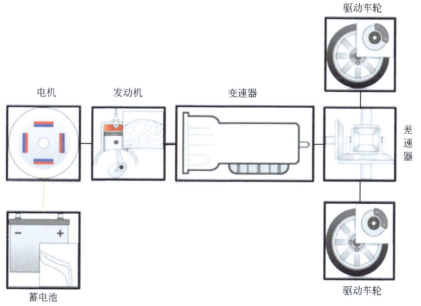

图5-25 用于仿真的混合动力汽车P0构型动力系统配置
—— 电能传递；—— 机械能传递

在MATLAB2019b命令窗口输入"autoblkHevP0Start",可以得到混合动力汽车P0构型仿真模型,如图5-26所示。它主要由驱动循环模块、环境模块、纵向驱动模块、控制器模块、车辆模块和可视化模块等组成,这些模块是按照P0构型建立的仿真模型。

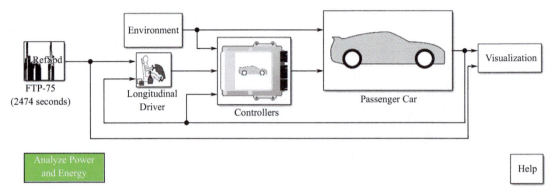

图5-26 混合动力汽车P0构型仿真模型

（1）驱动循环模块 驱动循环模块主要用于设置车辆测试循环工况,采用美国的FTP-75标准循环测试工况,也可以采用NEDC循环工况或WLTC循环工况等。

（2）环境模块 环境模块用于创建环境变量,包括路面坡度、风速、大气温度和压力。

（3）纵向驱动模块 纵向驱动模块主要产生驾驶员的驱动或制动命令。

（4）控制器模块 控制器模块可以实现一个带有再生制动、电机转矩仲裁和功率管理的动力系统控制模块。优化发动机和电机之间的转矩分配,从而在保持电池荷电状态(SOC)的同时最大限度地减少能量消耗。

（5）车辆模块 车辆模块是建立P0构型的车辆模型,包括发动机、发电机和变速器等。

（6）可视化模块 可视化模块可以显示循环工况曲线、发动机和电机转速曲线、发动机和电机转矩曲线、电池电流曲线、电池SOC曲线和等效燃油消耗量曲线。

如图5-27所示为P0构型的FTP-75标准循环测试工况的理论速度和实际速度曲线,可以看出,两者基本是一致的。

如图5-28所示为P0构型的发动机转速和电机转速曲线,可以看出,电机转速大于发动机转速,但两者变化趋势是一致的。

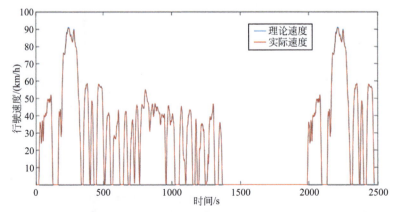

图5-27 P0构型的FTP-75标准循环测试工况的理论速度和实际速度曲线

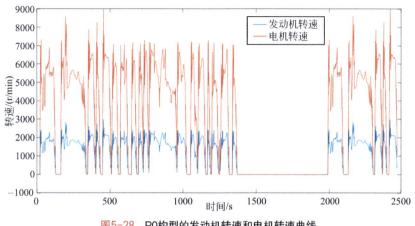

图5-28　P0构型的发动机转速和电机转速曲线

如图5-29所示为P0构型的发动机转矩和电机转矩曲线，可以看出，发动机转矩远大于电机转矩，说明车辆行驶主要以发动机驱动为主。电机主要用于快速启停、制动能量回收和提供辅助转矩。

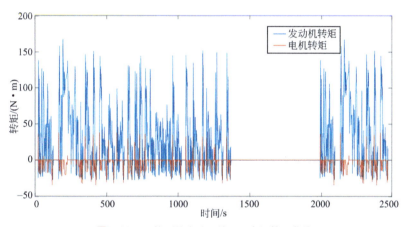

图5-29　P0构型的发动机转矩和电机转矩曲线

如图5-30所示为P0构型的电池电流曲线，可以看出，电池电流曲线变化与电机转矩曲线变化是一致的。

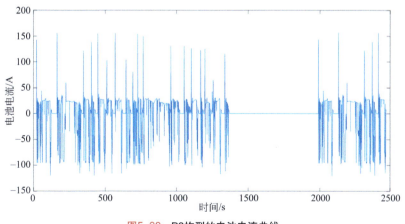

图5-30　P0构型的电池电流曲线

如图5-31所示为P0构型的电池SOC曲线，可以看出，电池初始SOC约为60%，大于60%，说明电池被充电；小于60%，说明电池被放电。但一个FTP-75循环，电池SOC变化很小。SOC初始值为60%，循环结束时为60.03%。

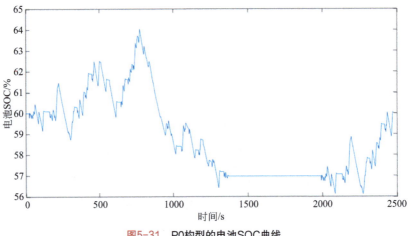

图5-31　P0构型的电池SOC曲线

如图5-32所示为P0构型的综合燃油消耗量曲线。可以看出，该车的综合燃油消耗量在8.8L/100km左右。

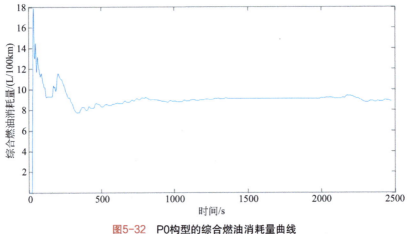

图5-32　P0构型的综合燃油消耗量曲线

第三节　混合动力汽车P1构型仿真

用于仿真的混合动力汽车P1构型动力系统配置如图5-33所示，它主要由发动机、电机、DC/DC变换器、蓄电池和变速器等组成。P1构型的电机与发动机曲轴相连，取代了传统的飞轮。默认情况下，为发动机为汽油机，电机为永磁同步电机，蓄电池为锂离子电池。

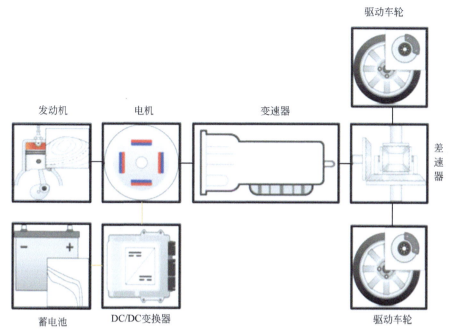

图5-33 用于仿真的混合动力汽车P1构型动力系统配置

━━ 电能传递；━━ 机械能传递

在MATLAB2019b命令窗口输入"autoblkHevP1Start"，可以得到混合动力汽车P1构型仿真模型，如图5-34所示。它主要由驱动循环模块、环境模块、纵向驱动模块、控制器模块、车辆模块和可视化模块等组成，表面上看，它和混合动力汽车P0构型仿真模型是一样的，但模型内部是不一样的，它是按照P1构型建立的仿真模型。

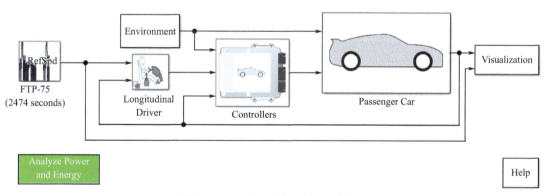

图5-34 混合动力汽车P1构型仿真模型

如图5-35所示为P1构型的FTP-75标准循环测试工况的理论速度和实际速度曲线，可以看出，两者基本是一致的。

如图5-36所示为P1构型的发动机转速和电机转速曲线，可以看出，发动机转速和电机转速是完全同步的，这与P0构型的发动机转速和电机转速是完全不一样的。

如图5-37所示为P1构型的发动机转矩和电机转矩曲线，可以看出，与P0构型相比，发动机转矩与电机转矩的差距在缩小，说明电机辅助车辆行驶增多。电机主要用于快速启停、制动能量回收和辅助行驶。P1构型的电机所需要的功率和转矩都大于P0构型的电机。

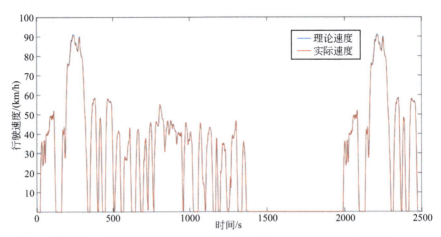

图5-35　P1构型的FTP-75标准循环测试工况的理论速度和实际速度曲线

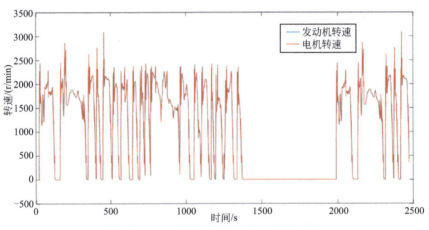

图5-36　P1构型的发动机转速和电机转速曲线

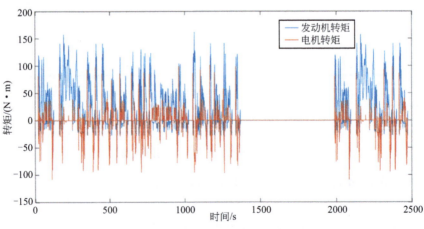

图5-37　P1构型的发动机转矩和电机转矩曲线

如图5-38所示为P1构型的电池电流曲线，可以看出，电池电流曲线变化与电机转矩曲线变化是一致的。

如图5-39所示为P1构型的电池SOC曲线，可以看出，电池初始SOC为60%，大于60%，说明电池被充电；小于60%，说明电池被放电。但一个FTP-75循环，电池SOC变化很小，循环结束时为59.77%。但要说明的是，P1构型和P0构型的电池容量是不一样的，P1构型对电池容量要求大于P0构型对电池容量的要求。

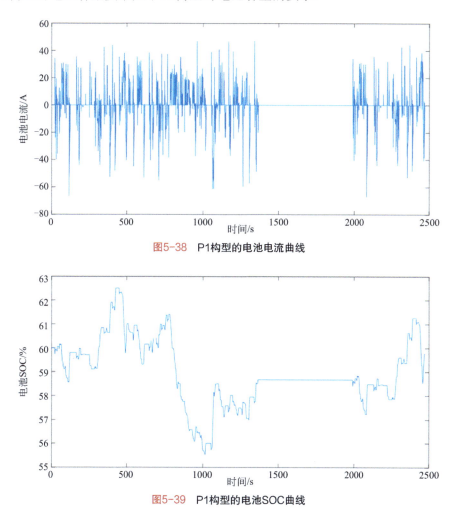

图5-38　P1构型的电池电流曲线

图5-39　P1构型的电池SOC曲线

如图5-40所示为P1构型的综合燃油消耗量曲线，可以看出，该车的综合燃油消耗量在7.3L/100km左右。

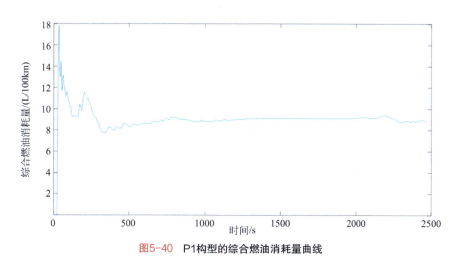

图5-40　P1构型的综合燃油消耗量曲线

第四节
混合动力汽车P2构型仿真

用于仿真的混合动力汽车P2构型动力系统配置如图5-41所示,它主要由发动机、电机、DC/DC变换器、蓄电池、离合器和变速器等组成。P2构型的电机置于变速器的输入端,在离合器之后。默认情况下,为发动机为汽油机、电机为永磁同步电机,蓄电池为锂离子电池。

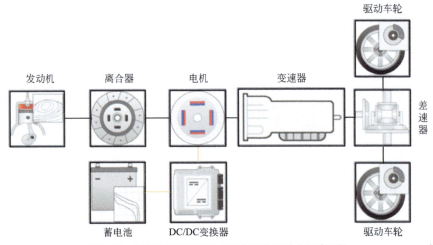

图5-41 用于仿真的混合动力汽车P2构型动力系统配置
—— 电能传递;—— 机械能传递

在MATLAB2019b命令窗口输入"autoblkHevP2Start",可以得到混合动力汽车P2构型仿真模型,如图5-42所示。它主要由驱动循环模块、环境模块、纵向驱动模块、控制器模块、车辆模块和可视化模块等组成,这些模块是按照P2构型建立的仿真模型。

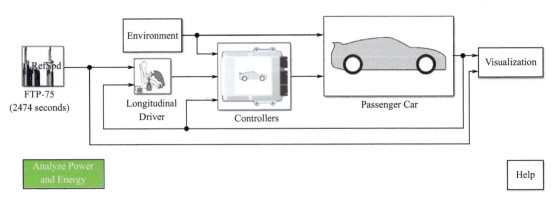

图5-42 混合动力汽车P2构型仿真模型

如图5-43所示为P2构型的FTP-75标准循环测试工况的理论速度和实际速度曲线,可以看出,两者基本是一致的。

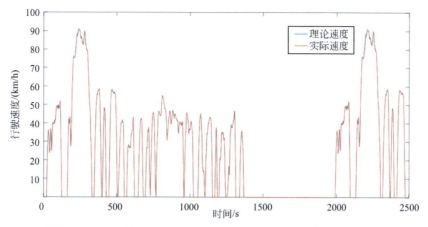

图5-43 P2构型的FTP-75标准循环测试工况的理论速度和实际速度曲线

如图5-44所示为P2构型的发动机转速和电机转速曲线,可以看出,发动机转速和电机转速是不完全同步的,有时离合器断开,电机单独运转。

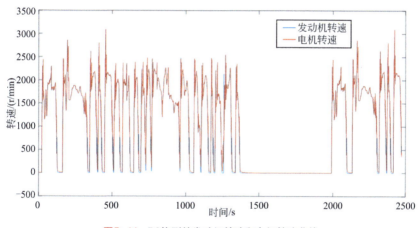

图5-44 P2构型的发动机转速和电机转速曲线

如图5-45所示为P2构型的发动机转矩和电机转矩曲线,可以看出,与P1构型相比,P2构型电机可单独驱动车辆。

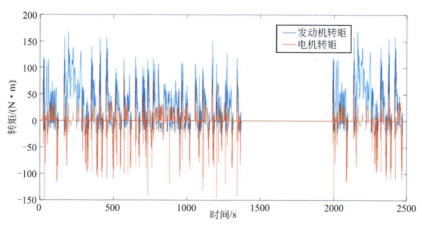

图5-45 P2构型的发动机转矩和电机转矩曲线

如图5-46所示为P2构型的电池电流曲线，可以看出，电池电流曲线变化与电机转矩曲线变化是一致的。

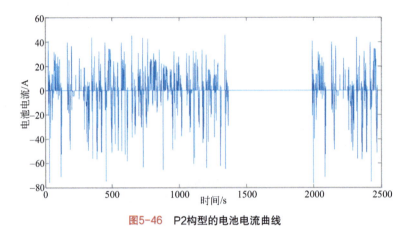

图5-46　P2构型的电池电流曲线

如图5-47所示为P2构型的电池SOC曲线，可以看到电池SOC在FTP-75循环工况的变化情况。SOC初始值为60%，循环结束时为59.47%。

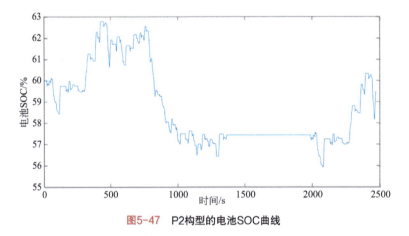

图5-47　P2构型的电池SOC曲线

如图5-48所示为P2构型的综合燃油消耗量曲线，可以看出，该车的综合燃油消耗量在7.6L/100km左右。

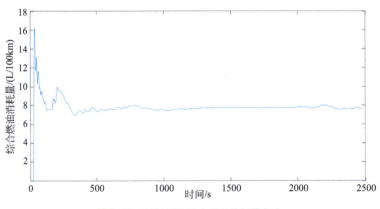

图5-48　P2构型的综合燃油消耗量曲线

第五节
混合动力汽车P3构型仿真

用于仿真的混合动力汽车P3构型动力系统配置如图5-49所示,它主要由发动机、电机、DC/DC变换器、蓄电池、变速器等组成。P3构型的电机置于变速器的输出端,与差速器相连。默认情况下,为发动机为汽油机,电机为永磁同步电机,蓄电池为锂离子电池。

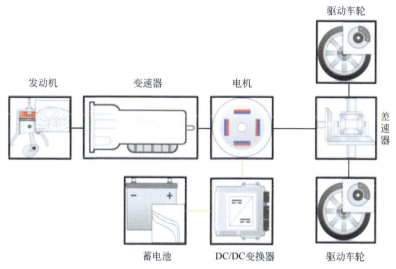

图5-49 用于仿真的混合动力汽车P3构型动力系统配置
—— 电能传递；—— 机械能传递

在MATLAB2019b命令窗口输入"autoblkHevP3Start",可以得到混合动力汽车P3构型仿真模型,如图5-50所示。它主要由驱动循环模块、环境模块、纵向驱动模块、控制器模块、车辆模块和可视化模块等组成,这些模块是按照P3构型建立的仿真模型。

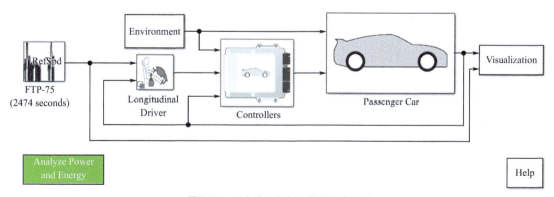

图5-50 混合动力汽车P3构型仿真模型

如图5-51所示为P3构型的FTP-75标准循环测试工况的理论速度和实际速度曲线,可以看出,两者基本是一致的。

如图5-52所示为P3构型的发动机转速和电机转速曲线，可以看出，发动机转速和电机转速是不同步的，电机驱动增多。

如图5-53所示为P3构型的发动机转矩和电机转矩曲线，可以看出，与P2构型相比，P3构型的电机转矩增大，说明参与驱动车辆的工况增加。

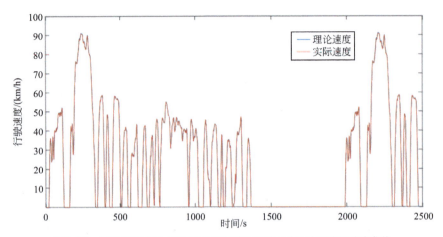

图5-51　P3构型的FTP-75标准循环测试工况的理论速度和实际速度曲线

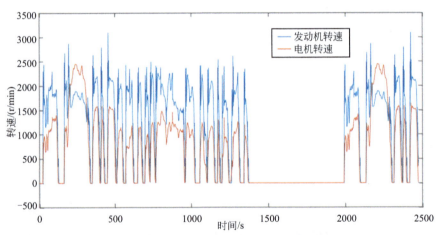

图5-52　P3构型的发动机转速和电机转速曲线

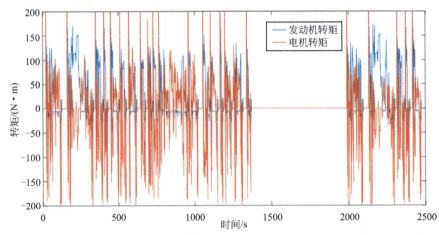

图5-53　P3构型的发动机转矩和电机转矩曲线

如图5-54所示为P3构型的电池电流曲线，可以看出，电池电流曲线变化与电机转矩曲线变化是一致的，而且比P2构型的电池电流大。

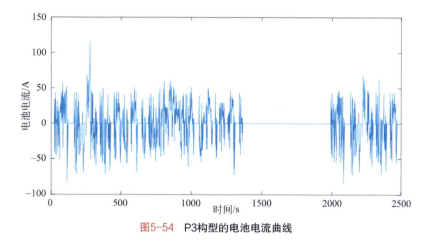

图5-54　P3构型的电池电流曲线

如图5-55所示为P3构型的电池SOC曲线，可以看到电池SOC在FTP-75循环工况的变化情况。SOC初始值为60%，循环结束时为59.92%。

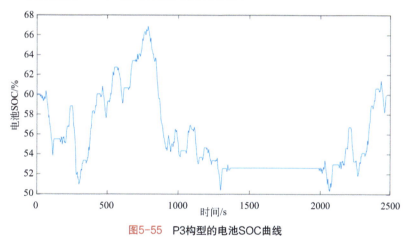

图5-55　P3构型的电池SOC曲线

如图5-56所示为P3构型的综合燃油消耗量曲线，可以看出，该车的综合燃油消耗量在6.73L/100km左右。

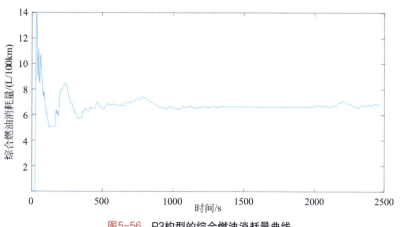

图5-56　P3构型的综合燃油消耗量曲线

第六节 混合动力汽车P4构型仿真

用于仿真的混合动力汽车P4构型动力系统配置如图5-57所示，它主要由发动机、电机、DC/DC变换器、蓄电池、变速器等组成。P4构型的电机和发动机都可以与差速器相连，驱动车辆。默认情况下，为发动机为汽油机，电机为永磁同步电机，蓄电池为锂离子电池。

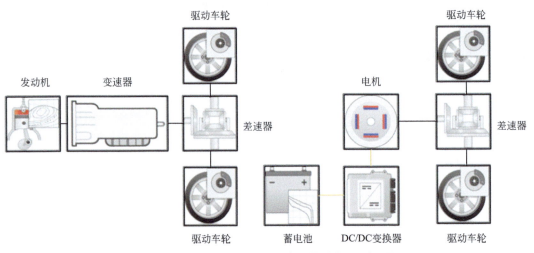

图5-57 用于仿真的混合动力汽车P4构型动力系统配置
—— 电能传递；—— 机械能传递

在MATLAB2019b命令窗口输入"autoblkHevP4Start"，可以得到混合动力汽车P4构型仿真模型，如图5-58所示。它主要由驱动循环模块、环境模块、纵向驱动模块、控制器模块、车辆模块和可视化模块等组成，这些模块是按照P4构型建立的仿真模型。

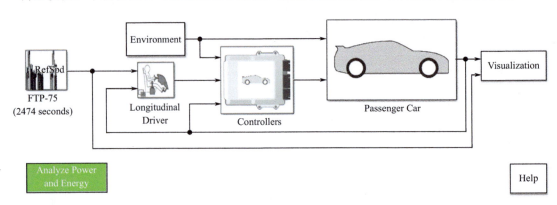

图5-58 混合动力汽车P4构型仿真模型

参考文献

[1] 孙逢春,等. 电动汽车工程手册（第二卷）——混合动力电动汽车整车设计[M]. 北京：机械工业出版社，2019.

[2] Mehrdad Ehsani,等. 现代电动汽车、混合动力电动汽车和燃料电池汽车——基本原理、理论和设计[M]. 倪光正,等译. 北京：机械工业出版社，2008.

[3] 崔胜民. 新能源汽车概论[M]. 第3版. 北京：北京大学出版社，2020.

[4] 崔胜民. 新能源汽车技术[M]. 第3版. 北京：北京大学出版社，2020.

[5] 崔胜民. 新能源汽车概论[M]. 北京：人民邮电出版社，2019.

[6] 崔胜民. 一本书读懂新能源汽车[M]. 北京：人民邮电出版社，2019.

[7] 崔胜民. 基于MATLAB的新能源汽车仿真实例[M]. 北京：化学工业出版社，2020.

如图5-59所示为P4构型的FTP-75标准循环测试工况的理论速度和实际速度曲线，可以看出，两者基本是一致的。

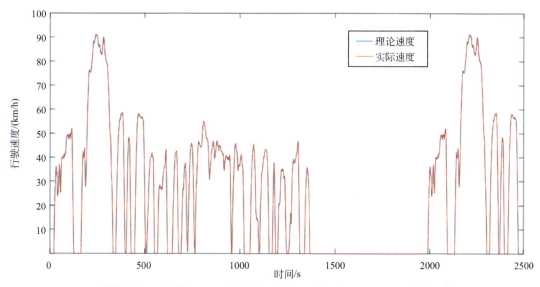

图5-59　P4构型的FTP-75标准循环测试工况的理论速度和实际速度曲线

如图5-60所示为P4构型的发动机转速和电机转速曲线，可以看出，发动机转速和电机转速是不同步的，与P3构型相比，P4构型的电机转速增大。

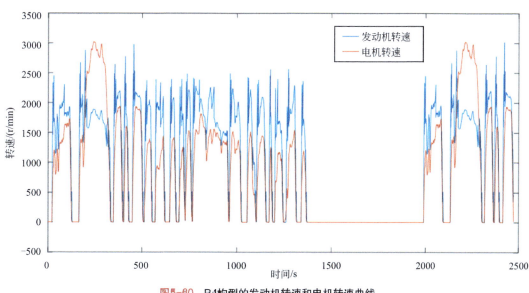

图5-60　P4构型的发动机转速和电机转速曲线

如图5-61所示为P4构型的发动机转矩和电机转矩曲线，可以看到FTP-75循环工况下发动机转矩和电机转矩的变化。

如图5-62所示为P4构型的电池电流曲线，可以看到FTP-75循环工况下电池电流的变化。

如图5-63所示为P4构型的电池SOC曲线，可以看到电池SOC在FTP-75循环工况的变化情况。SOC初始值为60%，循环结束时为59.77%。

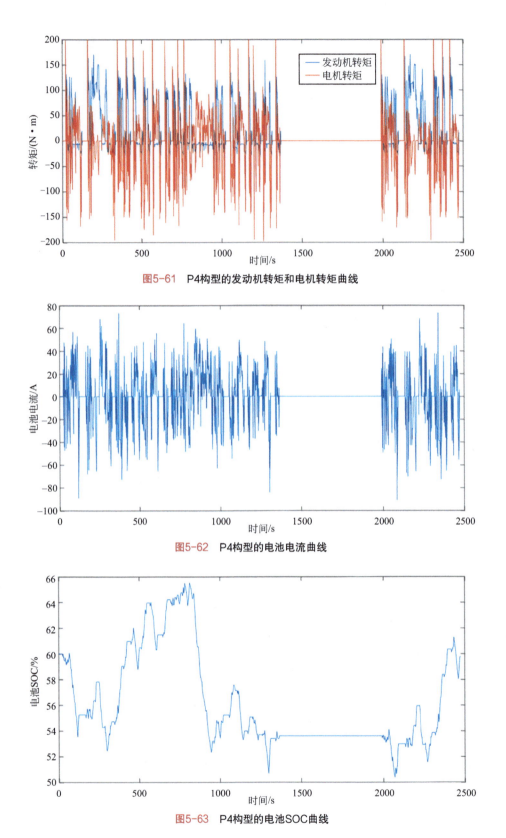

图5-61 P4构型的发动机转矩和电机转矩曲线

图5-62 P4构型的电池电流曲线

图5-63 P4构型的电池SOC曲线

如图5-64所示为P4构型的综合燃油消耗量曲线,可以看出,该车的综合燃油消耗量在6.85L/100km左右。

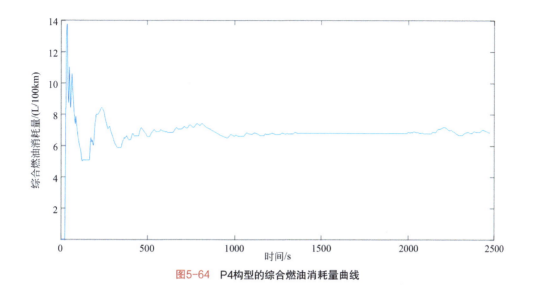

图5-64 P4构型的综合燃油消耗量曲线

第七节 混联式混合动力汽车仿真

用于仿真的混联式混合动力汽车动力系统配置如图5-65所示,它主要由发动机、两个电机、蓄电池、动力耦合器和齿轮箱等组成,该构型与丰田普锐斯混合动力汽车基本一致。两个电机一个用于发电机,一个用于驱动电机,默认情况下,为发动机为汽油机,电机为永磁同步电机,蓄电池为镍氢电池。

在MATLAB2019b命令窗口输入"autoblkHevIpsStart",可以得到混联式混合动力汽车仿真模型,如图5-66所示。它主要由驱动循环模块、环境模块、纵向驱动模块、控制器模块、车辆模块和可视化模块等组成,这些模块是按照混联式混合动力汽车建立的仿真模型。

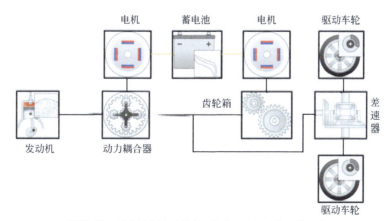

图5-65 用于仿真的混联式混合动力汽车动力系统配置

—— 电能传递; —— 机械能传递

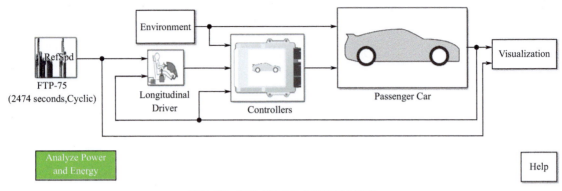

图5-66 混联式混合动力汽车仿真模型

如图5-67所示为混联式的FTP-75标准循环测试工况的理论速度和实际速度曲线，可以看出，两者基本是一致的。

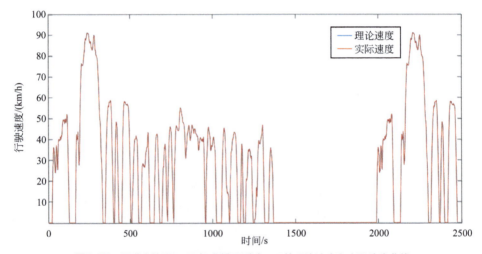

图5-67 混联式的FTP-75标准循环测试工况的理论速度和实际速度曲线

如图5-68所示为混联式的发动机、发电机和驱动电机转速曲线，可以看到它们在FTP-75循环工况的变化情况。

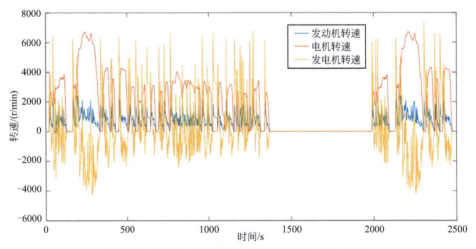

图5-68 混联式的发动机、发电机和驱动电机转速曲线

如图5-69所示为混联式的发动机、发电机和驱动电机转矩曲线，可以看到它们在FTP-75循环工况的变化情况。

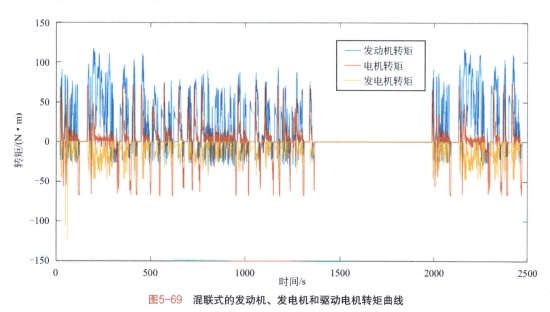

图5-69 混联式的发动机、发电机和驱动电机转矩曲线

如图5-70所示为混联式的电池电流曲线，可以看到FTP-75循环工况下电池电流的变化。

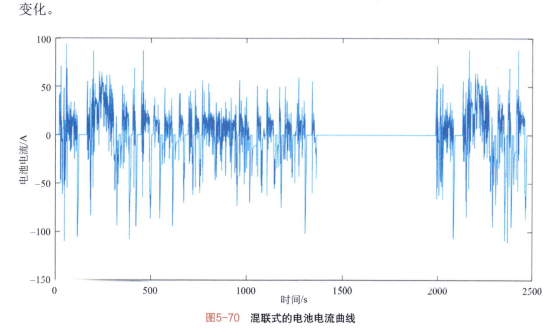

图5-70 混联式的电池电流曲线

如图5-71所示为混联式的电池SOC曲线，可以看到电池SOC在FTP-75循环工况的变化情况，SOC衰减较大。SOC初始值为60%，循环结束时为46.08%。

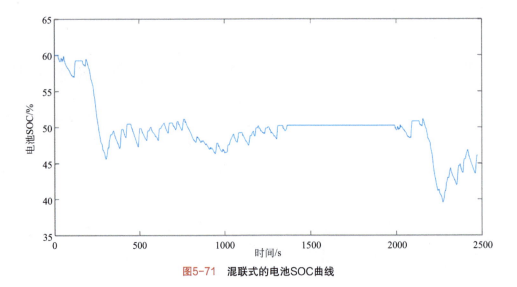

图5-71 混联式的电池SOC曲线

如图5-72所示为混联式的综合燃油消耗量曲线,可以看出,该车的综合燃油消耗量在5.22L/100km左右。

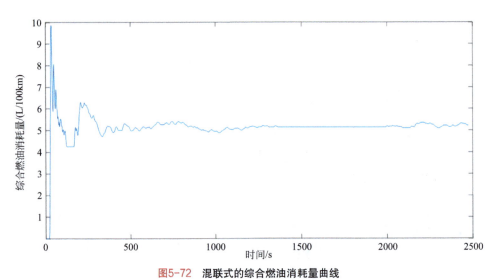

图5-72 混联式的综合燃油消耗量曲线